먼저 밭을 일구라!

THE DIRT ON LEARNING

Groundbreaking Tools to Grow Faith in Your Church

by Thom and Joani Schultz

Copyright © 2000 TIMOTHY PUBLISHING HOUSE
A division of PAIDION MISSION
Translated and Published by Permission
Printed in KOREA
Originally published in the U.S.A.
by Group Publishing Inc. under the title
The Dirt on Learning
Copyright © 1999 by Thom and Joani Schultz

먼저 밭을 일구라!

열매있는 교회교육을 위한 토양개선법

●

톰 & 조아니 슐츠 지음 | 장미숙 옮김

도서출판 디모데

헌 정

우리는 이 책을 부모님인 버드와
마가렛 보스필드(Bud and Margaret Bousfield)
그리고 칼과 맥신 슐츠(Karl and Maxine Schultz)께 바친다.
그분들은 우리의 삶에 믿음의 씨앗을 훌륭하고 멋지게 가꾸셨다.

우리는 또 이것을 우리 아들 매트(Matt)에게 바친다.
그 아이는 우리를 이상에서 현실로 돌이켜 매일의 삶 속에서
'어린아이와 같이 하나님의 나라를 받드는 법'을 우리에게 가르친다.

머리말

당신은 세상에서 가장 귀한 보물을 발견했다. 그 보물은 당신의 삶을 극적으로 바꾸어 놓을 것이며, 당신의 생명을 구원할 것이다.

그 보물이란 바로 예수 그리스도를 믿는 당신의 '믿음'이다.

당신이 예수님을 알고 신뢰하고 믿게 된 것은 상당히 기적적인 과정을 통해서였다. 하나님이 친히 그분의 손을 내밀어 당신을 만지셨다. 그리고 지금, 예수 그리스도를 따르는 자로서 주위의 사람들이 당신처럼 이 기적적인 과정을 경험하게 되는 일에 깊은 관심을 가진다.

그러나 당신이 교사이든, 목사이든, 청소년 사역자이든, 어린이 사역자이든, 부모든, 친구든, 당신은 삶속에서 새로운 사실을 발견할 것이다. 많은 사람들이 평강의 왕에 대해 듣지만 그분을 신뢰하고 따르며 자신의 삶을 그분께 드리는 이들은 매우 적다는 사실이다. 그들은 대부분 그 메시지를 들으나, 이해하지 못한다. 메시지가 뿌리를 내리지 못한다. 또한 삶도 변하지 않는다. 그들은 인생의 가장 중요한 관계-예수 그리스도와의 관계-를 가져다주는 그 기적적인 과정을 결코 경험하지 못한다.

어떤 이들은 듣고 믿는데 다른 이들은 동일한 메시지를 듣고도 어떻게 무반응으로 남아 있을까? 믿음의 과정이 기적적일지라도 그것이 전적으로 불가사의하지만은 않다. 예수님이 친히 그 과정을 보여 주셨다. 그분은 어떤 이들이 메시지를 들으나 어떻게 이해하지 못하는지, 어떤 이들은 메시지를 기쁨으로 받으나 후에 어떻게 곧 시들어버리는지, 어떤 이들은 메시지를 들으나 다른 일에 어떻게 마음을 빼앗기게 되는지, 그리고 어떤 이들은 메시지를 듣고 그것을 어떻게 이해하고 헌신된 제자로 변화되는지를 설명하셨다.

그 비밀은 무엇인가? 그분의 이야기들 중 한 곳에서 예수님은 우리가 어디를 보아야 하는지를 지적하셨다. 그것은 바로 흙 속이다. 씨 뿌리는 자의 비유를 주의 깊게 읽을 때, 우리는 바로 흙에, 땅에 주의를 기울이게 된다. 흙은 믿음에 관한 이 흥미로운 비유의 주된 등장인물이다. 이 흙을 알게 되는 것은 복음 전도를 위해 당신이 하고 있는 모든 일을 바꾸어 놓을 수 있다. 그러므로 우리는 당신도 편안한 옷차림으로 우리와 함께 밭으로 나가 '배움의 흙' (The Dirt on Learning)을 파는 우리의 일에 동참해 보기를 권한다.

이 과정에서 당신의 손이 더러워질 때, 우리는 당신으로부터 소식을 듣기를 원한다. 당신의 생각이나 발견이나 의문들을 우리에게 알려주기 바란다.

> 연락할 주소 : Thom and Joani Schultz / Group Publishing
> 1515 Cascade Avenue Loveland, CO 80538
> E-mail : tschultz@grouppublishing.com / jschultz@grouppublishing.com
> 인터넷 웹 사이트 : http://www.grouppublishing.com/dirt를 찾아 보라.

Contents

머리말 6

9　1장 오늘날을 위한 비유

1부 길가에 떨어진 씨앗 19
  2장 좋은 내용, 빈약한 이해　22
  3장 학습자 중심의 접근법　44

63　**2부 돌밭에 떨어진 씨앗**
  66　4장 단기적 기억에서 장기적 기억으로 이동
  85　5장 감정 : 학습과 보유의 접착제
  102　6장 가정 : 뿌리가 깊이 내리는 곳

3부 가시밭에 떨어진 씨앗　117
  7장 보상과 뇌물과 경쟁의 위험성　120
  8장 본래적 동기부여를 통한 평생 학습　145
  9장 고역에서 즐거움으로　161

177　**4부 좋은 땅에 떨어진 씨앗**
  180　10장 성공적인 수확의 징표

에필로그　197
주　201

| 제1장 | **오늘날을 위한 비유** |

> 그분은 우리에게 물으신다.
> "너희는 어떻게 씨를 뿌리고 있느냐?
> 너희는 어떤 땅에 농사를 지으려고 하는가?
> 그 땅은 결실을 내기 위해 얼마나 준비되어 있느냐?
> 너희는 얼마나 수확하느냐?"

남부 다코다(South Dakota) 평원에 새벽이 조용히 찾아든다. 그 금빛 여명이 작은 조각보를 엮은 것과 같은 푸른 밭, 누른 밭, 갈색 밭 위의 농장들을 비춘다. 작지만 탄탄한 체구의 버드(Bud) 씨는 이미 한 시간 전에 일어나 일을 하고 있다. 그는 트랙터에 기름을 넣고, 장비를 준비하고, 하루의 날씨를 살핀다. 오늘도 어제와 똑같이 시작된다. 어제는 그제와 같았고, 그제는 그끄제와 같았다. 버드 씨에게 있어, 이 일과는 오십 년 동안 계속되어 왔다. 그러나 한 번도 싫증내지 않았고, 날마다의 삶을 사랑했다. 그는 매일 수많은 기적들을 목격한다. 일출, 생명의 빗줄기를 값없이 배달해 주는 구름, 잠자는 씨앗에서 움트는 새싹, 알곡을 만들어 내는 줄기의 신비한 능력.

버드 씨는 늘 그랬듯이 밭으로 나가기 전에 아침 식사를 하기 위해 집안으로 들어온다. 또한 이웃 사람의 부탁을 듣거나 이야기를 하기 위해 집에 들린다. 두 사람은 커피를 마시면서 지난밤에 내린 비에 대해 이야기한다. 그러다가 마침내 그 이웃 사람은 그에게 말한다. "옥수수 농사는 어떤가?" 버드 씨는 이 질문을 수백 번 들었다.

이것은 추수기마다 이곳 농부들이 사용하는 한해 농사의 잣대이다. 이것은 에이커 당 나온 총가마 수로, 새벽부터 저녁까지 한 철 내내 땀흘려 일한 수고의 채점 카드이다. 이것은 남부 다코다 농부의 전문적인 지식과 효율성과 생산성과 지혜를 측정하는 너무나도 단순한 숫자이다.

"꽤 괜찮은 편이야." 버드 씨는 말한다. 그는 자신의 수확고 점수에 덧붙일 겸손한 말을 찾는다. 마침내 버드 씨는 정답을 밝힌다.

이웃 사람의 눈이 휘둥그레진다. 그는 마시던 커피 잔을 내려놓고, 다시 질문을 한다. 버드 씨는 이 질문 역시 수백 번 들었다.

"버드, 자네는 어떻게 매년 그렇게 많이 수확할 수 있나?"

버드 씨는 농사의 성공을 날씨와 자신이 통제할 수 없는 다른 요소로 돌린다. 그러나 그 이웃은 버드 씨만의 어떤 비결이 있어 늘 다른 사람들의 밭을 능가하는 것을 안다. 성공적인 그의 농사의 비결.

버드 씨가 옥수수 재배에 대해 아는 바는 예수님이 제자 양육에 대해 가르치신 바로 그것이다. 그것은 아주 오래된 옛날이나 오늘날에도 여전히 유효하다.

농부의 비유

버드 씨는 실제 인물로 이 책의 공저자 조아니(Joani)의 부친 버드 보스필드(Bud Bousfield) 씨이다. 우리는 남부 다코다 이웃 사람들처럼, 세상에서 가장 오래 된 직업에서 성공한 버드 씨에게 박수와 경의를 표한다.(세계 최초의 직무 내용 설명은 하나님이 아담에게 땅을 갈도록 명하신 것-참고 창 2:15)

이렇게 정원과 밭과 농장은 오랫동안 하나님에 대한 믿음을 키우는 일에 이상적인 비유가 되어 왔다. 예수님은 씨앗과 밭과 곡식과 과일의 추수에 대한 이야기를 즐겨하셨다. 그것은 당시의 농경 사회와 관련될 뿐만 아니라 어떤 심오한 과정을 매우 이해하기 쉽게 설명할 수 있다. 그것은 바로 구경꾼들이 청취자들이 되고, 청취자들이 추종자들이 되고, 추종자들이 제자가 되고, 제자가 다른 제자들을 만드는 과정이다.

마태복음에 나오는 첫 비유가 '씨 뿌리는 자의 비유'인 것은 결코 우연으로 보이지 않는다(마 13:1-23). 동일한 비유가 마가와 누가복음에도 나온다. 복음서에는 비유를 통해 영적 진리를 가르치는 예수님의 흥미로운 이야기들로 가득하다. 예수님은 생생한 비유를 사용해서 사람들이 이미 알고 있는 것을 새롭게 발견하게 하고, 또 다른 이해의 영역으로 인도하셨다.

어떤 이들은 예수님의 이야기들과 씨름했다. 사실, 이 씨 뿌리는 자의 이야기 후에, 제자들이 예수님께 와서 물었다. "왜 사람들에게 비유로 말씀하시나이까?" 이것은 그들에게 새로운 접근법이자 새로운 교육 방법이었다. 예수님은 그의 의도를 말씀하신 후에, 씨 뿌리는 자의 비유를 명료하게 설명해 주셨다. 예수님이 비유의 의미를 설명하신 일은 성경에서 매우 드물다는 사실에 주목하라. 이 비유는 달랐다. 예수님은 이 비유의 의미가 흐릿해지는 것을 원하지 않으셨다. 그는 이 비유를 분명하고 확실한 의미로 우리에게 주셨다. 이것을 가볍게 여기기에는 너무나 중요했다.

그분의 이야기, 당신의 이야기

예수님의 이야기는 한 농부가 밭에 씨를 뿌리는 것으로 시작된다. 어떤 씨는 길가에 떨어져 곧 새들이 먹어 버린다. 어떤 씨는 돌밭에 떨어져 말라 죽는다. 어떤 씨는 가시떨기에 떨어져 결국 질식한다. 그러나 어떤 씨는 좋은 땅에 떨어져 풍성한 수확을 올린다.

이것은 무엇을 의미하는가? 예수님은 설명하신다.

- 길가에 떨어진 씨 : 어떤 이들은 하나님의 말씀을 들으나, 그것을 이해하지 못한다. 그래서 악한 자가 와서 그들의 마음에 뿌려진 것을 채어 가 버린다.
- 돌밭에 떨어진 씨 : 어떤 이들은 말씀을 기쁨으로 받으나, 환난이나 핍박이 오면 넘어진다.
- 가시떨기에 떨어진 씨 : 어떤 이들은 말씀을 들으나, 염려와 부의 유혹 등 여러 욕구에 의해 막혀 질식한다.
- 좋은 땅에 떨어진 씨 : 어떤 이들은 말씀을 듣고 깨달아 풍성한 결실을 맺는다.

이것은 하나님의 말씀을 전하는 모든 사람들을 위한 이야기이다. 우리는 이 생생한 묘사에서, 하나님의 아들이 친히 그린 믿음의 성장에 대한 산뜻한 그림을 본다. 그것은 영원한 이야기이다. 원인과 결과에 대한 그 면밀한 고찰은 예수님이 호숫가에서 말씀하실 때와 똑같이 오늘날에도 매우 심오하다.

만약 당신이 하나님의 말씀을 가르치기 원한다면, 이 씨 뿌리는 자의 비유는 당신의 이야기이다. 만약 하나님의 말씀을 설교하기 원하고, 하나님의 말씀을 당신의 자녀와 손자들과 나누기 원한다면, 이것은 당신의 이야기이다. 또한 하나님의 말씀을 당신의 이웃과 나누기 원한다면, 이것도 당신의 이야기이다. 만약 당신이 하나님의 말씀을 배우고 믿음이 자라 많은 열매를 맺기 원한다면, 이것은 곧 당신의 이야기이다. 이 간단한 이야기 속에 교사의 놀라운 진리가 담겨져 있다.

씨를 뿌리는가? 열매를 맺는가?

이 이야기에는 예수님의 의도적인 함축이 들어 있다. 그분이 어떻게 씨뿌린 결과를 강조하시는지 주목해 보자. 초점이 씨를 뿌리는 사람에 있는 것이 아니라, 땅과 씨를 뿌린 결과 즉 성장과 결실에 있다. 씨를 뿌리는 사람이 어떤지에 대해 설명되지 않는다. 씨를 뿌리는 그의 스타일이 비판받거나, 농사에 대한 그의 노하우나 철학은 거론되지 않는다. 그는 단순히 씨를 뿌리는 자이다. 그러나 이 한 명의 씨 뿌리는 자가 네 가지 서로 다른 결과들을 낳는다. 셋은 사망을, 하나는 생명과 풍요를 가져온다. 예수님은 그 결과들이 여기서 결정적인 문제가 되는 것을 분명히 말씀하신다. 씨를 뿌리는 자는 오직 씨가 자라 열매를 맺을 때에만 그의 목적을 달성할 수 있다.

이 이야기가 오늘날 우리에게 주는 그 심오한 의미를 놓치지 말아야 한다. 2000년 전 예수님 시대의 사람들과 마찬가지로, 오늘날의 교회는 씨 뿌리는 자의 이야기가 지닌 의미를 이해할 필요가 있다. 교사, 설교자, 청소년 사역자, 어린이 사역자, 부모들은 종종 그 요점을 놓친다. 우리는 오로지 우리가 전하는 메시지의 질과 정확성과 열정과 박학성에만 근거하여서 우리 자신과 다른 이들을 평가하는 경향이 있다. 만약 우리가 권위 있게 말을 하면, 우리는 위대한 말씀의 씨 뿌리는 자로 간주된다. 그러나 예수님의 이야기는 우리의 성공이 전적으로 씨앗이 결실을 하는가 그렇지 않은가에 달려 있음을 보여 준다. 우리가 큰 확신을 가지고 가르칠지라도, 학생들이 배워서 열매를 맺지 않는다면 그것은 아무 소용이 없다.

농부 버드 씨는 씨앗의 품질이 반드시 싹을 틔울 것을 보증하지는 않는다고 말할 것이다. 그것은 또 완벽한 씨앗일 수 있다. 그러나 그 이상이 요구된다. 버드 씨는 다른 요소들이 수확고에 영향에 미치는 것을 안다. 또한 최고 품질의 씨앗을 사는 것은 시작에 불과하다는 것을 안다. 그는 그 씨를 어디에 어떻게 뿌리며, 또 어떻게 돌보는가가 종국에는 그 결실에 중대한 영향을 미치는 것을 안다. 단순히 씨를 뿌리기만 한다면, 버드 씨는 결코 위대한 농부가 되지 못할 것이다.

오늘날 교회는 불행하게도 대체로 씨를 뿌리는 생각 위에 기초해 있다. 씨가 뿌려지고 있는 한 안심해 버린다. 우리는 사람들이 과연 배우고 있는지, 어떤 씨가 뿌리를 내리고 있는지를 좀처럼 분석하지 않는다. 우리는 다른 방식이나 다른 토양의 효율성을 전혀 평가하지 않는다. 그리고 우리가 가르친 사람들이 맺는 열매의 양으로 학습의 효율성을 측정한다는 생각을 좀처럼 하지 못한다. 그러나 예수님은 더 많은 것을 기대하며 우리를 부르신다. 그분은 우리에게 물으신다. "너희는 어떻게 씨를 뿌리고 있느냐? 너희는 어떤 땅에 농사를 지으려고 하는가? 그 땅은 결실을 내기 위해 얼마나 준비되어 있느냐? 너희는 얼마나 수확하느냐?" 다음 장들에서 우리는 씨를 뿌리기만 하는 데서 열매를 맺는 데로, 단순한 가르침에서 진정한 배움으로 당신의 초점을 어떻게 옮길 수 있는지를 탐구해 볼 것이다.

같은 씨, 다른 토양

예수님이 토양의 다양성에 대해 어떻게 우리의 주의를 집중시키는지를 보자. 여기에 우리에게 주는 또 하나의 교훈이 있다. 동일한 씨가 모든 사람들에게 동일하게 받아들여지지는 않는다.

버드 씨의 이웃 사람들이 큰 호기심이 생긴 요인도 바로 이것이다. 그들은 그가 사용하는 씨앗이 정확히 어떤 종류인지를 안다. 그들도 동일한 씨앗을 사용해 보았다. 그러나 여전히 그들은 버드 씨와 같이 풍성한 수확을 올리지 못했다. 그럼 이유가 무엇일까? 버드 씨의 비결 중 많은 것들이 바로 '씨 뿌리는 자의 비유'에서 발견된다.

버드 씨는 당신에게 어떤 밭도 서로 같지 않다고 말할 것이다. 그 밭의 경사도와 햇빛을 받는 정도와 일반적 기후 형태도 서로 다르고 토양의 질과 밀도도 각각 다르다. 어떤 밭은 다른 밭보다 토지의 영향 상태가 좋지 않아 땅이 지쳐 있다. 어떤 밭은 더 많은 비료를 필요로 하기도 하고, 또 다른 밭은 보통 이상의 물을 요구한다. 또 어떤 밭은 돌과 잡초로 쉽게 무성해진다.

이 비유가 전하는 메시지는 말씀을 듣는 모든 사람들이 동일하게 반응하지는 않는다는 점이다. 그들은 서로 다른 성격, 배경, 기질, 개성, 학습 방법을 가지고 있다. 만약 우리가 그들에게 성공하려면, 서로 다른 점들을 이해해야 한다. 우리는 훌륭한 농부와 같이, 동일한 좋은 씨를 사용할 수 있다. 그러나 우리는 개개인의 사정에 맞추어 씨앗을 뿌리고 영양을 공급하고 재배 환경을 적절히 조성해야 할 필요가 있다.

오늘날 많은 그리스도인들은 한 가지 방법이 모든 사람의 학습과 믿음 성장에 유효할 것으로 믿는다. 그들은 "하나님과 그의 말씀은 어제나 오늘이나 내일이나 동일하다"고 말한다. 그렇다. 하나님은 동일하시다. 그러나 하나님의 백성은 남부 다코다의 밭들처럼 서로 다르다. 하나님이 그들을 그렇게 창조하셨다. 예수님의 비유는 우리에게 인간의 기질과 반응의 다양성을 이해하도록 말씀하신다. 우리가 이 다양성을 이해하고 이런 접근 방법들을 맞추면 맞출수록, 우리는 더욱더 큰 효과를 얻게 될 것이다.

다음 장에서 우리는 서로 다른 부류의 학생들을 이해하고 여러 방법들을 그들에게 맞추기 위한 많은 전략들을 제시할 것이다. 그리고 하나님의 가장 위대한 발명 중 하나인 인간 두뇌의 내부를 들여다보는 흥미로운 기회도 가질 것이다. 우리는 두뇌가 어떻게 작용하는지, 어떻게 배우는지, 그리고 각 두뇌가 어떻게 독특한지를 설명할 것이다.

믿음이 성장하는 과정

우리에게 깊은 관심을 끄는 또 다른 의미는 씨 뿌리는 자의 비유와 성경의 다른 농사와 관련된 비유들에 등장한다. 예수님은 농사를 선택하셔서, 성도의 믿음이 심어지고 싹이 나고 성장하고 열매를 맺는 과정을 예시하셨다. 그 비유를 의도적으로 선택하신 점을 주목해 보자. 농사는 하나의 과정이다. 그 과정은 즉 훌륭한 농부라면 누구나 배울 수 있는 일정한 단계와 시기로 이루어져 있다.

우리는 이 교훈을 배울 필요가 있는 시대에 살고 있다. 오늘날 기독교 교육을 위한 대부분의 시도들은 거의 전적으로 과정이 아니라 내용에 집중한다. 교회 지도자들은 성경에 무지한 교인들에 대해 불평한다. 그러나 누구에게 책임이 있는가? 아마 그 동안 내용(씨앗)만 강조되었고, 과정(씨가 어떻게 성공적으로 수용되고 양육되고 재생산되는지)은 조금도 고려되지 않았다. 우리의 조사 결과, 대부분의 교회들이 주일 학교 공과를 전적으로 내용에 근거에 선택하는 것으로 밝혀졌다. "그것은 어떤 내용을 다룹니까?" 그들은 묻는다. "그것은 그 내용을 어떻게 다루고 있습니까? 학습을 위한 과정은 어떻습니까?"를 묻는 사람들은 지극히 소수이다.

버드 씨는 씨앗을 풍성한 수확으로 변형시키는 과정을 알고 있다. 농사를 짓는 것은 하나의 과정이다. 추수는 뻥 튀기듯 튀겨지는 것이 아니다. 농사를 짓는 것은 상당히 예측 가능한 사건들의 순서를 따라 이루어진다.

하나님에 대하여 배우고, 그리스도를 따르기로 헌신하고, 믿음 안에서 자라며, 열매를 맺는 것은 믿음 성장의 과정이다. 우리가 그 과정을 더 잘 이해하면 할수록, 우리는 믿음을 성장케 하는 일을 더 잘 할 것이다.

그렇다고 우리가 그것을 완전하게 이해할 수는 없다. 그 과정의 일부는 우리의 통제를 넘어서 완전히 기적으로 이루어진다. 버드 씨조차도 이것을 인정한다. 그는 우리에게 성공적인 농사짓는 법에 대해 많은 것을 말할 수 있다. 그러나 그는 그 작은 옥수수 씨가 어떻게 2미터 키의 푸른 옥수숫대로 재창조되고 윤기 나는 알맹이가 줄을 따라 촘촘하게 박힌 최고 상품을 만들어 내는지는 전혀 설명하지 못한다. 다만 "그것은 단순히 기적이며, 나는 그것을 매년 목격한다"고 말할 뿐이다.

우리 역시 매년 우리가 가르친 사람들이 믿음 안에서 자라 열매를 맺는 것을 볼 때 기적을 목격한다. 우리는 하나님의 종으로서 우리에게 맡긴 역할을 다 하지만, 그 과정의 핵심은 그분께 맡긴다. 고린도전서 3장 6-7절에서 사도 바울은 그것을 잘 말하고 있다.

> "나는 심었고 아볼로는 물을 주었으되 오직 하나님은 자라나게 하셨나니 그런즉 심는 이나 물주는 이는 아무 것도 아니로되 오직 자라나게 하시는 하나님 뿐이니라."

진정한 학습

우리는 교회에서 할 수 있는 학습을 위한 과정 중심의 접근법을 개발했다. 우리는 그것을 '진정한 학습'(authentic learning)으로 부른다. 우리는 그 용어를 매우 주의 깊게 선택했다. '진정한' 이란 실제를 의미한다. '진정한 학습' 이란 실제로 효과가 있는 학습을 의미한다. 그리고 학습이 실제적인 효과를 내는 것은 오직 학습자가 그 배운 것을 이해하고, 간직하여 자신의 삶에 적용하고 열매를 맺을 때이다. 이것이 바로 씨 뿌리는 자의 비유와 같은 학습이다.

수년에 걸쳐 우리는 실제로 효과를 거두었고, 열매를 맺는 여러 학습 방법들을 많이 수집했다. 우리는 그것들을 그룹 출판사의 「예수마당 성경공부」 교과 과정(Group Publishing Group's Hands-on Curriculum)과 다른 교육적 자료들에 통합시켰다. 그리고 우리가 앞서 낸 책 「지루함을 깨뜨리는 가르침의 기술」 (Why Nobody Learns Much of Anything at Church: And How to Fix It, 도서출판 디모데 간)에서 그것들 중 일부를 소개했다. 그 후 사람들은 계속해서 더 많은 자료들을 모아 함께 나누기를 요청했다.

이 책은 학습을 씨 뿌리는 자의 비유의 틀 안에서 보고 있다. 우리는 단단하게 굳은 길가를 조사하여 왜 어떤 이들은 들어도 이해하지 못하는지를 살펴볼 것이다. 우리는 돌밭을 연구하여 왜 어떤 이들은 들으나 재빨리 잊어버리는지를 알아 볼 것이다. 또 우리는 가시덤불을 탐색하여 어떻게 염려와 유혹들이 배움의 과정을 질식시키는지 살필 것이다. 그리고 우리는 당신의 수고가 학습자의 삶 속에서 어떻게 열매를 맺을 수 있는지를 알아 볼 것이다.

"나는 미래와 만난다. 나는 가르친다."
- 크리스타 맥올리프(Christa McAuliffe)

1부 길가에 떨어진 씨앗

"씨 뿌리는 자가 뿌리러 나가서 뿌릴새,
더러는 길가에 떨어지매 새들이 와서 먹어 버렸고…
아무나 천국 말씀을 듣고 깨닫지 못할 때는
악한 자가 와서 그 마음에 뿌리운 것을 빼앗나니
이는 곧 길가에 뿌리운 자요."
마태복음 13:3-4, 19

The Dirt on Learning

2장 좋은 내용, 빈약한 이해

이해가 없이는 씨앗은 결코 열매를 맺지 못한다.
예수님은 우리에게 새 모이 이상을 생산하도록 우리를 부르신다.
그렇다면 우리는 길가에 씨를 뿌리는 것을 어떻게 피할 수 있는가

3장 학습자 중심의 접근법

예수님의 초점은 흙, 즉 배우는 사람의 땅에 있다.
그분은 우리에게 단단히 굳은 길가와
돌밭과 가시밭과 좋은 땅에 대해 말씀하신다.
이 이야기에서 주연(主演)은 누구인가? 그것은 바로 흙이다!

1부 길가에 떨어진 씨앗 — Falling Along the Path

이 성경 말씀이 친숙하다고 해서 가볍게 여기지 말라. 여기엔 복음을 전하려는 모든 사람 위해 중요한 의미들이 들어 있다.

예수님 당시에 밭과 밭 사이에는 사람들이 지나다니는 길이 나 있었다. 어떤 울타리로도 지나다니는 사람들을 막을 수 없었다. 시간이 지나면서, 더욱더 많은 사람들이 밟고 다녀서 그 길은 굳어지고 단단해졌다. 한 때는 비옥했던 땅이 마르고 굳은 밭둑길이 되어 버렸다. 어떤 씨라도 그 단단한 길 위에 떨어지면 끝이었다. 씨앗의 품질이 문제가 아니었다. 강우량도 중요하지 않았다. 길가에 떨어진 씨앗은 그냥 끝이었다.

땅이 단단하게 굳어 있기 때문에 씨는 땅 속으로 안전하게 들어갈 수 없었다. 그저 땅 위에서 뒹굴다가 배고픈 새에게 먹혀버렸다. 이런 씨는 열매를 생산하기는커녕, 싹을 틔울 기회마저 가져보지 못했다.

예수님이 이 비유에서 말씀하시는 문제의 핵심은 무엇인가? 예수님이 악한 자로 밝히신 새의 존재가 그 문제의 핵심인가? 아니다. 새들은 농사에 있어 이미 주어진, 부인할 수 없는 실재이다.

오늘날도 여전히 버드 씨와 같은 농부들은 가끔 새들로 인해 골치를 앓는다. 그러나 버드 씨는 그 문제가 완전히 사라지지 않을 것을 안다. 그가 남부 다코다의 굶주린 새들을 완전히 몰아 낼 수는 없다. 또한 그가 무슨 수를 쓰더라도, 새들은 언제나 주위에 있으며 채 갈 수 있는 것이 있으면 무엇이나 채어 갈 것이다.

문제는 새가 아니다. 그 악한 자가 아니다.

여기서 문제는 '이해의 부족'이다. 예수님은 바로 우리에게 이해가 없다면 그의 말씀이 남아 있지 않을 것이라고 말씀하신다. 그럼에도 불구하고 오늘날 교회의 본당과 교실에 뿌려지는 이해하지 못한 가르침의 씨앗들이 얼마나 많은가? 보라. 문제는 "우리가 악한 자를 어떻게 할 것인가?"가 아니다. 문제는 "우리가 어떻게 씨를 뿌려서, 배우는 자들이 진실로 이해하게 할 수 있을까?"이다.

여기서 문제는 '이해의 부족'이다. 예수님은 바로 우리에게 이해가 없다면 그의 말씀이 남아 있지 않을 것이라고 말씀하신다. 그럼에도 불구하고 오늘날 교회의 본당과 교실에 뿌려지는 이해하지 못한 가르침의 씨앗들이 얼마나 많은가? 보라. 문제는 "우리가 악한 자를 어떻게 할 것인가?"가 아니다. 문제는 "우리가 어떻게 씨를 뿌려서, 배우는 자들이 진실로 이해하게 할 수 있을까?"이다.

변하는 토양

우리는 실제적인 적용을 찾기 전에, 이 비유의 또 다른 흥미로운 면을 관찰해 보자. 그 땅은 사람들에게 밟혀 단단하게 굳기 전에는 비옥한 토양이었을 것이다. 그러나 환경이 바뀌어서 그렇게 변한 것이다. 한 때는 씨 뿌리는 자에게 유용했던 토양이었지만 더 이상 열매를 맺지 않는 땅이다.

버드 씨는 그 현상을 잘 알고 있다. 그는 오십 년 동안 밭의 상태를 조절해 주고, 여러 기계 장비를 바꾸며 새로운 농사 지식을 융통성 있게 받아들였다. 이전에는 효과가 있던 방법들이 오늘날에는 더 이상 작용하지 않았다. 버드 씨가 농사에 매번 성공하는 것은 과거의 농사 방법을 고집스레 고수한 게 아니었다.

버드 씨는 미국에서 가족 농장이 사라져 가는 현상을 직접 목격해 왔다. 거의 매달 부근 농장들이 경매 광고를 내는 신문 기사를 보곤 했다. 버드 씨는 이런 몇몇 달고도 쓸쓸한 현장을 방문했다. 때로 그는 필요한 장비를 싼값에 구입하기도 한다. 장비를 파는 사람은 더 이상 필요없는 장비이기 때문이다. 그런 경매는 마지막 숨을 헐떡이는 한 가족 농장을 위한 우울한 축제이다. 경매인이 마지막 낙찰을 외칠 때, 또 하나의 소규모 농장이 시들어 죽어 가는 것을 의미한다. 그것은 변하는 시대의 희생자인 것이다. 그러나 버드 씨는 이런 변하는 시대를 잘 연구하였다. 그는 자신의 씨 뿌리는 방식을 과감히 바꾸었다.

우리도 그렇게 할 수 있는가? 물론 하나님과 그분의 말씀은 변하지 않는다. 그러나 우리가 하나님의 씨를 뿌리는 방법은 늘 변하는 밭에 맞추어 달라져야 한다.

다음 장은 우리에게 가르침과 배움에 대한 접근 방법을 바꾸도록 도전을 줄 것이다. 이것은 과거의 씨뿌린 방법을 정죄하는 것이 아니다. 사람들이 과거에 가르치고 배운 방법은 오십 년 전에 사람들이 농사를 지은 방법과 같다. 다만 과거에 수용할 만한 결과를 나은 것이 오늘날에는 필요한 추수를 가져오지 못할 수 있다.

지금 우리는 낡은 트랙터를 바꿀 때이다. 새로운 비료로 바꾸고 변화를 시도해야 할 때이다.

> "너희가 저녁에 하늘이 붉으면 날이 좋겠다 하고 아침에 하늘이 붉고 흐리면 오늘은 날이 궂겠다 하나니 너희가 천기는 분별할 줄 알면서 시대의 표적은 분별할 수 없느냐."
>
> – 마태복음 16:2-3

제 2 장

좋은 내용, 빈약한 이해

이해가 없이는 씨앗은 결코 열매를 맺지 못한다.
예수님은 우리에게 새 모이 이상을
생산하도록 우리를 부르신다.
그렇다면 우리는 길가에 씨를 뿌리는 것을
어떻게 피할 수 있는가?

우리는 학생들이 학습 내용에 자극이 되면서 생각하는 법을 배우게 되기를 희망할지라도, 가르치는 그 내용이 효과가 없음을 입증하는 많은 증거들이 있다. 무조건 내용을 가르치는 것만으로는 충분하지 않다.

- 아더 코스타 (Arthur Costa)

초등학교 2학년 학생들이 주일학교 여자 선생님 주변으로 모여든다. 선생님은 45분 동안 아이들에게 자신의 창의력을 발휘해 수업을 이끌어갔다. 그 여교사는 어린아이들에게 "나 여호와는 중심을 보느니라"(사무엘상 16:7) 말씀을 마음에 심기 위해 진심으로 애썼다.

그녀는 그 구절을 거듭 되풀이했다. 그리고 창조적인 공작 시간을 마련하여, 각 어린이에게 그 구절을 기억하게 하는 작은 반지를 만들게 했다. 또 음악을 틀어주면서 아이들에게 반복하여 그 구절을 노래하게 했다. 그것은 45분 동안 다감각 응용 교수법을 동원하여 아이들에게 '여호와는 중심을 보신다'는 내용을 집중 교육시켰다.

　우리는 이 다채로운 수업을 관람한 후에 학생들의 반응이 어떤지 궁금했다. 그들은 무엇을 배웠는가? 우리는 수업이 끝나자마자 아이들에게 바로 질문했다. "오늘 여러분이 배운 것은 무엇입니까?" 아이들의 대답은 우리 모두를 실망시키기에 충분했다.

　어떤 아이들은 하나도 기억하지 못했다. 그 구절을 한 마디도 틀리지 않고 말할 수 있는 아이는 거의 없었다. 어떤 아이는 그것이 사무엘상 16장 7절이라는 것을 기억했으나 단순히 우리의 질문에 대한 답에 불과했다. "그 말씀이 무엇을 말하는 거니?"라고 물었을 때, 아이들은 애매한 표정을 지으며 얼버무리며 대답을 했다.

　한 소년과 나눈 대화는 정말 우리를 슬프게 했다. 그 아이는 다른 학생들과 함께 처음부터 수업에 참여했었다. 소년은 선생님이 구절을 읽는 것을 들었고, 반지도 만들었었다. 또한 "여호와는 중심을 보신다" 노래를 계속 따라 불렀었다. 소년이 교실에서 나왔을 때, 우리는 "오늘 너는 무엇을 배웠니?"라고 물었다.

　"음, 잠깐만요, 한번 생각해 보고요. 그것은 요한복음 3장 16절이었어요." 그가 말했다. 그러나 그 구절은 그 날 결코 가르치거나 읽지도 않았고, 어떤 식으로든 한번도 언급하지 않았다.

　"좋아. 그럼 그 구절은 무엇을 말하지?"

　"하나님을 믿는 사람은 누구든지 멸망하지(perish) 않고 영생을 얻는 다는 말씀이에요." 다소 아이는 더듬거리며 대답했다.

　"그것이 무슨 뜻이지?" 우리가 질문했다.

　"그것은 '만약 네가 하나님을 멸망하면(perish) 너는 천국에 갈 것이다'라는 뜻이에요" 그가 말했다.

　"멸망하는(perish) 것이 무슨 뜻이니?" 우리가 물었다.

"하나님을 찬양한다(praise)는 뜻이에요."

이해가 결여되었을 때

얼마나 슬픈 고소장인가! 그 교사는 길가에 씨를 뿌렸다. 그 씨앗은 좋았다. 그녀의 수업은 하나님의 말씀에서 조금도 떠나지 않았다. 그녀는 창의적인 수업을 인도하려고 최선을 다했다. 성경 구절을 포스터에 써 붙이고, 그것을 계속 반복 교육시켰다. 그녀는 아이들에게 그 구절을 기억나게 하는 반지를 만들게 했으며 반복해서, 노래를 부르게 하였다. 그녀는 그 아이들을 사랑하고 부지런하며 열정이 많은 선생님이었다. 그녀는 아이들의 마음속에 '말씀을 두기를' 진실로 원했다.

그런데 무엇이 잘못되었는가? 어떻게 그 좋은 씨앗이 그토록 재빨리 새 모이가 되고 말았는가? 씨 뿌리는 자의 비유가 그 해답을 말하고 있다.

"아무나 천국 말씀을 듣고 깨닫지 못할 때는 악한 자가 와서 그 마음에 뿌리운 것을 빼앗나니…" (마태복음 13:19)

그것은 '이해'가 열쇠다. 이해가 없다면, 모든 면에서 완벽한 씨앗이라 할지라도 단단히 굳은 길가에 떨어진 것과 같다. 그 완벽한 씨앗은 땅 위에 잠시 뒹굴다가 곧 새에게 가로채인다.

이 선생님은 선한 의도를 가지고 그 씨앗들을 창의적으로 길가에 던졌다. 그녀는 한 가지 결정적인 요소, 즉 '이해'를 소홀히 했다. 그녀의 수업이 창의적이고 다채로웠을지라도, 그 구절의 의미를 탐구하는 데는 실제로 시간을 조금도 쓰지 않았다. 그 어린이들에게 그 구절은 단지 잊어버리기 쉬운 낱말들을 모아 놓은 것에 불과했다.

내용 분류

그 교사는 어떻게 그처럼 명백해 보이는 것을 소홀히 했는가? 이런 일은 슬프게도 우리 주변에 자주 일어난다. 정도의 차이는 있을지 몰라도 모든 초점을 내용에 맞추는 것이 옳다고 배워왔다. 모두 단순한 사실들(facts)을 우상으로 승격시키는 교육 제도 안에서 성장했다. 우리는 초등학교 1학년 때부터 사실들을 암기하는 훈련을 받는다:

"원색은 무엇인가?"

"로드 아일랜드(Rhode Island) 주의 수도는?"

"물은 무엇으로 이루어져 있는가?"

"대공황은 언제 일어났는가?"

우리의 선생님들은 사실을 암기하는 것이 학교 교육의 밑거름이 되는 교육 방법임을 거듭 강조했다. 결국 그것이 가장 중요했다. 우리는 대공황의 날짜를 아는 것에 대해 시험을 치렀다. 대공황이 왜 일어났는지, 오늘날 사람들에게 어떤 의의를 지니는지를 아는 것은 중요하지 않았다. 시험에 합격하기 위하여 우리는 '왜'가 아니라 '무엇'을 알아야 했다. 우리가 배운 '왜'는 중요한 것이 아니었다.

가장 '성공적인' 학생들은 대부분 서로 상관없는 수천 가지 사실들을 머릿속에서 분류할 수 있는 학생들이었다. 그들은 후에 수석 졸업생들이 되고, 학교의 가장 모범적인 성공 사례들이 되었다.

그러나 성공이란 무엇인가? 실로 수많은 자질구레한 사실들을 일시적으로 보유할 수 있는 능력을 말하는가? 그것은 좋은 성적을 올리도록 할 수 있으나 교육의 참된 목표가 될 수 있을까? 1981년에 일리노이 주 고등학교를 졸업한 81명의 수석 및 차석 졸업생들의 향후를 추적하는 한 연구에서 밝혀진 사실을 참고해 보자. 이 우수한 학생들은 대학에서 계속하여 좋은 성과를 올렸다. 그러나 그들이 20대 후반이 되었을 무렵, 그들 중 대부분은 직장에서 보통 정도의 성공을 거두었을 뿐이었다. 단지 25퍼센트만이 보다 높은 수준의 성공을 거둔 같은 연배의 다른 사람들과 보조를 맞추고 있었고, 어떤 이들은 평균보다 훨씬 뒤쳐져 있었다.

이 수석 졸업생들을 추적한 연구원 중 한 사람인 캐런 아놀드(Karen Arnold)는 말했다. "우리가 발견한 것은 제도 안에서 성공하는 법을 아는 매우 착실한(dutiful) 사람들이었어요…. 어떤 사람이 수석 졸업생이란 것을 아는 것은 단지 점수로 평가되는 성취에 있어 극도로 우수하다는 점을 아는 것뿐이지요. 그것은 그들이 인생의 변화에 어떻게 반응하는지는 조금도 말해 주지 않습니다."[1]

"지식 없는 배움은 나귀등에 실린 책들과 같다."
- 조라 닐 허스턴(Zora Neale Hurston)

마음에 뿌려진 것을 채어감

대부분의 사람들이 사실에 대한 단순한 지식으로 성공과 성취를 이룬다는 생각은 근거 없는 통념에 불과하다. 그러나 그 통념이 살아서 교회 안에서 꿈틀거리고 있다. 초등학교 2학년 주일학교 수업을 탈선시킨 것이 바로 그것이다. 그 교사는 어린이들이 사무엘상의 그 구절을 단순히 암기하는 것이 성공을 가져온다고 믿었다. 그러나 그 아이들은 그 구절을 기억하지 못했을 뿐 아니라, 말씀의 의미나 그들의 삶에 어떤 상관이 있는지 결코 깨닫지 못했다.

만약 아이들이 그 구절을 암기하더라도, 결정적인 요소인 이해가 없다면 결국 아이들은 빈털터리가 될 것이었다. 그것은 바로 씨 뿌리는 자의 비유이다. 만약 학습자가 메시지를 이해하지 못하면 "악한 자가 와서 그 마음에 뿌리운 것을 빼앗는다."

이 비유에서 예수님이 '마음' 이란 표현을 선택하신 것이 흥미롭다. 이것은 시편 119편 11절에 사용된 바로 그 동일한 표현이다.

"주의 말씀을 내 마음에 두었나니…"

광범위한 성경암송 훈련을 강조하는 어린이 사역자들은 종종 그들의 노력을 뒷받침하기 위해 이 구절을 인용한다. 그러나 씨 뿌리는 자의 비유에서 예수님의 가르침은 참된 이해를 돕지 않고 마음에 씨를 뿌리려는 자들을 겨냥하여 주어진다. 사람들이 그들의 마음에 뿌려진 것을 이해하지 못할 때 연약해진다. 그들은 길가에 단단히 굳은 땅과 같아서 씨앗이 땅에 뿌리를 내리지 못한다.

「지루함을 깨뜨리는 가르침의 기술」이라는 책에서 우리는 성경의 낱말과 사실들을 암기하는 것이 어떻게 일부 교회에서 그 자체로 목적이 되었는지를 조사했다.[2]

단단히 굳은 길가에 씨를 뿌리면서 정교한 프로그램들이 운영되고 있었다. 어린이들은 앵무새처럼 성경을 달달 외는 것의 대가로 배지와 장난감과 사탕을 받았다. 뒤에 그런 보상의 위험성을 살펴 볼 것이다. 그러나 그 결과는 무엇인가? 씨 뿌리는 자의 비유가 우리에게 그 답을 말해 준다. 이해가 없이는 씨앗은 결코 열매를 맺지 못한다. 예수님은 우리에게 새 모이 이상을 생산하도록 우리를 부르신다.

그렇다면 우리는 길가에 씨를 뿌리는 것을 어떻게 피할 수 있는가? 몇몇 실제적인 지침들을 살펴보자.

1. 학습의 초점을 이해에 맞춰라.

나의 아들 매트(Matt)는 물을 좋아한다. 사실 그 아이는 수영을 배우기 전부터 물을 좋아했다. 유아 시절에 아이에게 작은 튜브를 그의 양팔에 끼어주었다. 매트는 그저 신이 나서 수영장이나 호수나 바다에 뛰어들곤 했다.

팔에 낀 그 작은 튜브들이 깔깔거리는 그의 머리를 물위에 떠 있게 했다.

우리 부부는 매트에게 수영을 하고 싶을 때는 언제나 그 튜브를 팔에 끼어야 한다는 것을 가르쳤다. 그리고 그런 튜브의 이름이 발음도 어려운 '슈위밍플루겔스'(Schwimminfluegels)란 것도 가르쳤다. 우리는 그 튜브를 어떻게 팔에 끼우는지를 보여 주었다. 그러나 우리의 안전 교육에는 무언가가 빠져 있었다.

어느 날 네 살짜리 매트는 마을 회관에 있는 수영장으로 달려가 튜브도 없이 깊은 쪽으로 풍덩 뛰어들었다. 매트는 곧 바닥에 가라앉았다. 다행히 우리가 가까이 있었기 때문에 물을 많이 들이키기 전에 얼른 뛰어들어 매트를 끌어낼 수 있었다.

"매트, 왜 슈위밍플루겔스를 끼지 않았니?" 우리가 물었다.

"그냥 이번에는 내 수영복만 입고 싶었어요." 그가 말했다.

매트는 그 튜브들을 단순히 수영복처럼 입어도 되고, 안 입어도 되는 복장 정도로 생각하고 있었다. 아이는 그것들이 어떻게 작용하는지를 이해하지 못했다. 매트는 그 튜브들이 자신을 물위에 떠 있게 한다는 것을 알지 못했다. 우리는 슈위밍플루겔스에 관한 몇몇 사실들을 말했을 뿐, 물 속에서 자신의 생명을 어떻게 구해주는지는 설명하지 않았음을 깨달았다. 매트는 튜브를 끼지 않고 물에 뛰어든다면 어떤 일이 일어날지를 전혀 알지 못하고 있었다. 또한 매트에게 튜브가 왜 필요한지를 조금도 이해하지 못했다.

이해는 학습과 그것을 실제 삶에 적용하는 데 있어 필수적이다. 사실들은 종종 유용하다. 그러나 결정적으로 중요한 것은 이해이다.

예수님은 이것을 잘 아셨다. 그분의 가르침을 검토해 보자. 예수님이 얼마나 자주 제자들에게 사실을 암기하는 훈련을 시키셨는가? 그분은 좀처럼 그렇게 하지 않으셨다. 그 대신 예수님은 영적 진리들을 이해하는 것을 강조하셨다. 씨 뿌리는 자의 비유를 보면 예수님은 그를 따르는 자들이 이해를 위한 가르침의 중요성을 알도록 이 이야기를 하셨다.

예수님은 항상 분명한 목적을 염두에 두고 가르치셨다. 그의 가르침의 목적은 무엇이었는가? 그것은 단순한 사실들의 전수가 아닌 것은 명백하다. 마이클 D. 워든(Michael D. Warden)은 자신의 저서 「평범한 교사들로부터 나오는 비범한 결과들」(Extraordinary Results From Ordinary Teachers)에서 예수님의 가르침의 목적이 요한복음 17장 1-8절에 요약되어 있다고 말한다.

> "…아버지여 때가 이르렀사오니 아들을 영화롭게 하사 아들로 아버지를 영화롭게 하게 하옵소서. 아버지께서 아들에게 주신 모든 자에게 영생을 주게 하시려고 만민을 다스리는 권세를 아들에게 주셨음이로소이다 영생은 곧 유일하신 참 하나님과 그의 보내신 자 예수 그리스도를 아는 것이니이다 아버지께서 내게 하라고 주신 일을 내가 이루어 아버지를 이 세상에서 영화롭게 하였사오니 아버지여 창세 전에 내가 아버지와 함께 가졌던 영화로써 지금도 아버지와 함께 나를 영화롭게 하옵소서 세상 중에서 내게 주신 사람들에게 내가 아버지의 이름을 나타내었나이다 저희는 아버지의 것이었는데 내게 주셨으며 저희는 아버지의 말씀을 지키었나이다 지금 저희는 아버지께서 내게 주신 것이 다 아버지께로서 온 것인 줄 알았나이다 나는 아버지께서 내게 주신 말씀들을 저희에게 주었사오며 저희는 이것을 받고 내가 아버지께로부터 나온 줄을 참으로 아오며 아버지께서 나를 보내신 줄도 믿었사옵나이다"

이것에서부터, 워든은 예수님이 오신 것은 사람들에게 하나님을 친밀하게 아는 길을 열어주시기 위함이라고 결론짓는다. 워든은 말한다.

> "기독교 가르침의 궁극적 목적은 사람들을 이끌어 하나님과 참된 개인적 관계를 가지게 하는 데 있다."[3]

이것은 가치 있는 목적이다. 그러나 당신은 성경에 나오는 단순한 사실들의 전수가 이와 같은 목적을 달성할 것으로 생각하는가? 그렇지 않을 것이다. 그 때문에 바로 예수님은 단순한 사실의 씨 뿌림이 아니라, 이해를 강조하시는 데 그분의 시간을 사용하셨다.

사실과 평가

왜 사실을 전수하는 것이 오늘날 기독교 교육과 세속 교육 모두에서 그토록 탁월한 위치를 차지하게 되었는가? 한 가지 이유는 사실에 대한 지식을 평가하기 쉽다는 점이다. 대부분의 학교 시험들을 생각해 보라. 시험은 사실에 근거한 선다형, 참과 거짓, 빈칸 채우기 등 성적을 매기기 쉬운 방법들로 되어 있다. 그러나 성적을 매기기 쉬운 것은 안타깝게도 그다지 중요하지 않았다.

교회는 공립학교에서 행해지는 방법을 모방한다. 교사들은 어린이 기독교 교육의 진보를 "예수님이 어디서 탄생하셨는가?"와 같은 사실적 질문들에 아이들이 얼마나 답을 정확하게 맞추는 것으로 측정한다. 성인들의 경우, "공관복음서들은 무엇인가?"와 같은 질문에 답을 할 수 있는 지로 그들의 진보를 평가한다. 교회는 단순한 사실들을 중심으로 학습을 평가하는 전형적인 체계를 가지고 있다. 교사와 학생들은 자연히 평가 대상이 되는 것에 초점을 맞추게 된다. 이해는 평가하기가 어렵기 때문에 뒤에 남겨진다.

이렇게 우리는 요점을 놓치고 있다. 그러나 우리만이 아니다. 그리스도를 따르는 자들이 수세기 동안 그 요점을 놓쳐 오고 있다. 바로 그 때문에 우리에게 씨 뿌리는 자의 비유가 필요하다.

"많이 배우는 것이 이해하는 것은 아니다."

- 헤라클리투스(Heraclitus)

이해의 경험

이해가 초점이 될 때 수업은 어떤 모습이 되는가? 에베소서 4장 29절을 보자. "무릇 더러운 말은 너희 입밖에도 내지 말고 오직 덕을 세우는데 소용되는 대로 선한 말을 하여 듣는 자들에게 은혜를 끼치게 하라." 우리는 이 구절을 십대 청소년들에게 가르치고자 한다. 그러나 우리는 단지 그 구절을 읽기만 하지 않는다. 또 그들이 그 구절을 외우도록 강요하지 않는다. 그들에게 그 구절에 관한 연습 문제를 풀게 하지도 않는다. 또한 그 구절에 관해 설교하지도 않는다. 그 구절을 누가 썼는지에 관해 퀴즈를 내지도 않는다.

우리는 이 구절의 이해와 적용을 위해 힘쓴다. 여기에 그 방법이 있다. 우리는 학생들을 소그룹으로 나누고 각 그룹에게 종이 인형을 준다. 각 사람이 그 인형을 들고 흔히 입밖에 내는 나쁜 말을 생각해 보게 한다. 그 다음 그들이 그 추한 말을 하면서 그 인형의 팔이나 다리나 머리를 뜯어내게 한다. 몇 분 후에 그 인형은 갈가리 찢긴 종이 조각으로 바뀌고, 교실 안은 불량한 말들로 가득 찬다.

그 다음 그 구절을 읽고 학생들에게 그 구절에 나온 대로 사람들에게 덕을 세우는 선한 말들을 생각해 보게 한다. 그리고 그 말들을 하면서 찢겨진 종이 인형의 조각들을 다시 테이프로 붙이게 한다. 종종 어떤 인형들은 너무 심하게 찢겨져 있어, 그것들을 다시 맞추어 붙이기가 불가능한 것을 본다.

마지막으로 그들에게 다음과 같은 일련의 질문들을 토론하게 한다. "인형을 찢는 것과 그것을 다시 붙이는 일 중 어느 것이 더 쉬운 일이었는가?", "이것은 실제 생활과 어떻게 같은가?", "성경 구절에 비추어 볼 때 이번 주에 내가 선한 말을 해야 할 사람은 누구인가?", "그들에게 그것을 어떻게 말할 것인가?" 학생들은 심오한 것들을 발견한다. 이 단순한 종이 인형이 나쁜 말로 인해 피해를 입는 사람을 나타내는 고도의 시각적이고 촉각적인 상징물이 된다.

이렇게 단순해 보이지만 인상적인 경험을 한 후에, 학생들은 이 구절의 의미를 이해한다. 씨앗이 비옥한 토양에 떨어졌다. 그 씨앗은 뿌리를 내리고 열매를 맺는다.

단순한 창의성도 단순한 사실도 목적이 아니다

여기서 한 가지 경고를 할 필요가 있다. 바로 앞의 보기가 지닌 핵심을 오해하지 말라. 종이 인형 경험은 효과가 있다. 그러나 창의적인 활동 때문에 효과가 있는 것은 아니다. 그것은 성경의 원리를 학생들에게 이해시켰기 때문이다.

우리 교육의 목적은 단순히 창의적인 것에 있지 않다. 이 장의 앞부분에 인용된 그 초등학교 2학년 선생님은 사무엘상 16장 7절 말씀과 관련하여 매우 창의적인 활동들을 하였다. 그러나 학생들은 이해하지 못했다. 그들은 배우지 못했다.

우리 출판사에서 25년 동안 교회 교육을 위한 자료들을 만들어 왔다. 우리는 이 교과 과정을 많은 교회들이 사용하는 것을 감사하고 있다. 사람들은 교과 과정이 매우 '창의적'이라고 말한다. 그러나 창의적인 자료들이 성경의 진리에 대한 깊은 이해와 적용을 가져다주지 못한다면, 그것은 단지 '울리는 징'에 불과하다.

기독교 교육 전문가 린다 프리만(Lynda Freeman)은 교육과 관련된 일을 교회를 대상으로 상담을 한다. 그녀는 교회 지도자들은 교육 자료들을 고를 때, 종종 창의적인 활동들이 들어 있기 때문에 선택한다. "그러나 자주 그런 활동들은 이해나 적용이 아니라 성경의 사실들에만 초점을 맞추고 있다"고 그녀는 말한다. "학생들은 사실을 배울지 모르나 어떻게 살아야 하는지는 배우지 못한다."

창의성은 교육의 목적이 아니다. 창의적 활동들은 사용할 수 있지만, 우선 되어야 하는 것은 학생들이 성경의 진리들을 이해하고 적용하는 것이다. 만약 당신의 교과 과정이 창의적이지만 단순히 사실들에만 초점을 맞춘다면, 씨 뿌리는 자의 비유를 다시 읽을 필요가 있다.

일부 기독교 교육가들은 어린이들의 공과가 성경의 사실들을 습득하는 데 전적으로 집중되어야 한다고 말한다. "이해와 적용은 나중에 온다"고 말한다. 우리는 예수님이 그것에 대해 뭐라고 말씀하실지 궁금하다. 마태복음 18장 3절에서 그분이 말씀하신 것을 보라.

> "진실로 너희에게 이르노니 너희가 돌이켜 어린 아이들과 같이 되지 아니하면 결단코 천국에 들어가지 못하리라"

우리가 알아야 할 어린아이들의 특성은 무엇인가? 머리 가득 사실들을 외우는 것인가? 아니면 믿음과 신뢰를 낳는 겸손한 이해인가?

학생들의 머리에 성경의 사실들을 적립하는 것은 유익하고 유용할 수 있다. 사실들에 관한 지식은 이해의 과정을 도울 수 있다. 그러나 우리의 학생들은 나이를 막론하고 사실에 관한 지식이 목적이 아니란 것을 분명히 알 필요가 있다. 예수님이 우리에게 오시고 우리를 위해 죽으신 것은 우리로 하여금 자료들을 담은 백과사전이 되게 하기 위함이 아니라, 그분과 사랑의 관계를 나누고, 헌신된 신실한 제자들이 되게 하기 위함이다.

> "오늘 아침 나의 마음은 기쁨으로 노래한다. 기적이 일어났다!
> 나의 어린 학생의 마음에 이해의 빛이 비쳤고, 보라, 모든 것이 바뀌었다!"
> - 앤 설리번(Annie Sullivan), 헬렌 켈러의 선생님

2. 퍼즐로 이해를 흐리지 말라

예수님은 확실히 장기적인 안목을 가지고 사역을 하셨다. 그분의 가르침

은 그 시대 사람들뿐만 아니라, 후대의 많은 사람들까지도 염두해 두셨다. 우리는 예수님이 씨 뿌리는 자의 비유를 말씀하실 때, 분명 현재 우리 세대를 보시면서 말씀하시지 않았을까 하고 추측해본다. 우리가 이렇게 추측하는 것은 가망 없이 길가에 떨어지는 씨앗의 보기로 오늘날 급증하는 학생들의 학습지보다 더 좋은 예를 찾아 볼 수 없기 때문이다.

우리가 말하는 것은 시판되는 대부분의 주일학교 교재들 속에 포함된 많은 학습지들이다. 유치부에서 장년부에 이르기까지, 대개 그것들은 가로세로 낱말 맞추기, 뒤섞인 낱말 바로 잡기, 미로, 낱말 찾기, 빈 괄호 채우기, 그림 맞추기 등으로 되어 있다. 이런 자료를 만든 사람들은 그것들이 성경에 흥미를 더한다고 믿는다. 그러나 사실 그것들은 혼란을 가중시키고 시간을 낭비하며 이해를 차단하고 있다.

암송 구절 바로 잡기

이 구절을 읽을 수 있는가?
이 구절의 각 글자는 알파벳에서 그 다음에 나오는 글자로 되어 있다 (b=c, z=a, 등).

SQTRS　　HMSGD　　KNQC
ZMC　　CN　　FNNC　　Psalm (37:3)

여기에 초등부 고학년을 위한 학습지의 한 예가 있다. 이것은 한 교단 출판부에서 나온 인기 있는 교재에 포함되어 있다.

이런 연습이 어떤 가치가 있는가? 또한 실제 성경에 나온 구절을 단순히 읽는 것보다 어떻게 효과적인가? 이것이 문제를 푸는 어린이들에게 구절을 분명하게 가르치고 이해시키는가? 이것이 이해를 촉진시키는가? 또한 공과 시간을 최선으로 사용하는 방법인가?

또 다른 보기를 보자. 이것 역시 잘 알려진 출판사에서 나온 것이다.

우리에게 예수님에 대해 말해 준 사람은 누구인가?

다른 글자 미로에서 예수님에 대해 우리에게 말해 준 사람들의 이름을 찾아 각 글자를 줄로 연결하라.
(찾을 낱말들: 어머니, 아버지, 고모, 삼촌, 할머니, 할아버지, 선생님, 목사님, 언니, 오빠, 형, 이웃 사람, 친구)
"어머니"는 보기로 나와 있다.

어	아	니	기	자	고	가	사	모	지
파	머	마	상	빠	조	모	병	버	게
친	노	세	오	마	징	나	아	님	니
프	구	리	가	할	애	방	라	사	소
선	책	님	언	동	아	은	선	목	주
그	생	입	니	무	들	버	수	교	위
서	웃	람	토	니	규	전	지	형	음
이	사	국	머	촌	지	과	오	대	불
경	인	할	해	미	삼	람	도	수	같

이런 연습의 결과로 학생들이 어떻게 하나님과 더 가까워질 수 있는가? 새로운 통찰력이 생기는가? 어떻게 이해가 향상되는가?

이와 같은 학습지들이 흔하다는 것이다. 대부분의 출판사들에서 출간한 학생용 학습지들이 흔히 이와 같은 연습 문제들을 담고 있다. 우리는 때로 기독교 교육 강습회에서 이런 보기들을 보여 준다. 교사들은 웃음을 터뜨리지만, 여전히 그것들을 매주 사용하고 있다는 것을 시인한다. 왜?

예수님이 그와 같은 학습지들을 들고 가르치시는 것을 당신은 상상할 수 있는가? 그분이 이런 학습지들을 사용하여 씨 뿌리는 자의 비유를 가르치시는 모습을 당신은 그려볼 수 있는가? "좋아요, 여러분, 첫 번째 씨앗이 어디에 떨어졌는지 알아 맞춰 보세요. 제가 여기 흙에 글자를 몇 개 쓰겠습니다. 이 글자들을 바르게 배열하면 정답을 알 수 있습니다. 자, 준비, 시작!"

우리는 우리가 만드는 교재에 그와 같은 연습 문제들을 절대로 넣지 않기로 약속했다. 왜? 그 이유는 학생들이 하나님의 말씀을 이해하고 적용하는 데 있어 그것들이 전혀 도움이 되지 않는다는 것을 알기 때문이다. 오히려 그런 연습문제들은 이해를 가리고 불투명하게 한다. 한 마디로 효과가 없다. 만약 그것들이 효과가 있다면, 우리는 모든 삶의 다른 상황들을 이와 비슷한 방법들을 사용하였을 것이다. 그 예로 컴퓨터 기술자들을 훈련하기 위해 낱말 퍼즐을 사용하고, 식당의 요리사들을 훈련하기 위해 미로를 사용하고, 비행기 조종사들을 훈련하기 위해 가로세로 낱말 맞추기를 사용하고 있을 것이다. 그러나 우리는 그렇게 하지 않는다. 이런 유의 학습은 효과가 없기 때문이다.

만약 당신의 교회가 사용하는 교재에서 그와 같이 시간만 낭비하는 새 모이를 본다면, 씨 뿌리는 자의 비유를 다시 읽어야 할 때이다. 그리고 학생들이 하나님의 말씀의 의미를 진정으로 이해하도록 새로운 교과 과정을 찾아야 할 때이다.

3. 쉬운 언어를 사용하라.

요한복음 3장 16절에 대한 2학년 남자아이의 설명을 기억하는가? 그는 '멸망하다' (perish)를 '찬양하다' (praise)와 같은 것으로 생각했다. 이 중대한 구절을 그 아이가 그토록 얼토당토않게 이해한 것은 그 어휘가 그에게 생소했기 때문이었다.

이런 일은 얼마나 자주 일어나는가? 우리는 얼마나 자주 말씀의 씨를 뿌리고, 우리가 의도한 대로 비옥한 토양에서 자라고 있을 것으로 가정하는가? 이런 일은 너무나 흔하게 일어나고 있다. 그렇게 우리가 분명하게 이해하지 못하는 낱말들을 학생들에게 사용할 때, 씨앗은 단단히 굳은 길가에 떨어져 버린다.

한 성경 구절을 택하여 그 중 일부 생소한 낱말들이 아이에게 어떻게 들릴지 가상해 보자. 우리는 그 낱말들 대신 '몰라몰라'를 집어넣었다.

> "그러면 이제 우리가 그 피를 몰라몰라 몰라몰라 하심을 얻었몰라 더욱 그로 몰라몰라 몰라몰라에서 구원을 얻을 것이니 곧 우리가 몰라 되었을 때에 그 아들의 죽으심으로 몰라몰라 하나님으로 더불어 몰라되었은몰라 몰라 된 자로서는 더욱 그의 살으심을 몰라몰라 구원을 얻을 것이니라 이뿐 아니라 이제 우리로 몰라 얻게 하신 우리 주 예수 그리스도로 몰라몰라 하나님 안에서 또한 즐거워하느니라."

이 어린이에게 이 구절은 무슨 메시지를 주는가? 이런 씨 뿌리기에서 우리는 무엇을 희망할 수 있는가? 이 보기는 우습게 들리겠지만, 다음 주일 역시 수많은 어린이들이 이와 같은 식으로 성경 말씀을 들을 것이다.

이 구절은 무엇인가? 그것은 로마서 5장 9-11절 말씀이다. 성경에서 그 구절을 찾아보자. 여기에 나오는 일부 생소한 낱말들로 인해 어린이들이(혹은 많은 어른들 역시) 어떻게 당황하게 될지 추측할 수 있는가?

> "그러면 이제 우리가 그 피를 인하여 의롭다 하심을 얻었은즉 더욱 그로 말미암아 진노하심에서 구원을 얻을 것이니 곧 우리가 원수 되었을 때에 그 아들의 죽으심으로 말미암아 하나님으로 더불어 화목되었은즉 화목된 자로서는 더욱 그의 살으심을 인하여 구원을 얻을 것이니라 이뿐 아니라 이제 우리로 화목을 얻게 하신 우리 주 예수 그리스도로 말미암아 하나님 안에서 또한 즐거워하느니라."

우리가 현재 사용하고 있는 성경 번역본을 비난하는 것이 아니다. 다만 사람들이 우리가 사용하는 용어를 이해하지 못한다면, 우리는 씨앗을 길가에 던지고 있는 것이다. 이해의 부족으로 씨앗은 뿌리를 내리지 못한다.

하나님의 말씀을 어린이들에게 가르칠 때, 우리는 간단한 두 단계를 취할 수 있다. 첫째, 보다 단순하고 보다 이해하기 쉬운 낱말들로 되어 있는, 쉽게 읽을 수 있는 성경 번역본을 선택하라. 그 다음은 언제나 시간을 내어 모든 성경구절을 설명하고 낱말의 의미를 분명히 하는데 특별히 주의를 기울이라.

어른들을 당황하게 하는 낱말들

이 조언은 청소년과 어른들에게도 마찬가지로 해당된다. 우리는 자주 어른들도 이해하지 못하는 낱말들을 사용한다. 우리는 사람들이 그 정도 어휘 실력을 가지고 있다고 가정하지만, 실상은 전혀 그렇지 않다. 그리고 이 문제는 어른들에게 있어 영원히 덮은 채 지나갈 수 있다. 적어도 어린이들은 어떤 단어나 개념을 이해하지 못할 때는 질문을 한다. 그러나 어른들은 대개 자신이 그런 낱말의 뜻을 모른다는 것을 밝히기를 꺼려한다. 다른 사람들에게 자신의 무식을 폭로할까 두렵기 때문이다. 따라서 그들은 몰라몰라의 말을 들으면서도 공손하게 머리를 끄덕인다.

당신이 교회의 성인 성도들에게 말할 때나 글을 쓸 때, 당신이 일상적으로 사용하는 낱말의 뜻을 그들이 이해할 것으로 확신하는가? 우리는 전형적인 성도들을 상대로 '교회에서만 쓰는'(churchy) 일련의 낱말들에 대해 생각해보자.

구 속	체포	중 생	일반 대중
역 사	history	영 생	오래오래 삶
구 원	1원 모자라는 10원	경 륜	자전거 경기
휴 거	휴가	은 총	금총(?)

기가 막히지 않는가! 우리는 얼마나 스스로 말씀을 잘 전한다고 믿으나 실제로 회중을 얼마나 혼란케 하고 있는가? 우리는 많은 교회의 목사와 교사들이 여러 시간 동안 교회에서만 쓰는 언어로 말하는 것을 보았다. 그것은 분명히 처음에 교회에 들어왔을 때보다 많은 사람들을 더 혼동되게 만들었을 것이다. 이로써 얻어지는 것은 무엇인가? 왜 모든 사람들을 특히 교회에 익숙치 못한 사람들까지 이해할 수 있는 쉬운 용어를 사용하지 않는가?

예수님의 의사전달 방식을 주목해 보자. 그분은 결코 고상한 낱말들을 사용하여 사람들을 감동시키려고 하지 않으셨다. 그분은 쉽고 분명하게 말씀하셨다. 그분은 보통 사람들이 쓰는 보통 언어를 사용하셨다. 그분은 뿌리를 내리고 열매를 맺는 씨앗을 뿌리셨다.

4. 이해를 돕는 좋은 질문들을 하라.

학습에서 질문은 강력한 교수(敎授) 수단이 될 수 있다. 그러나 어설픈 질문들은 귀한 시간을 낭비하고 이해를 더디게 할 수 있다.

교회 교사와 리더들은 사람들에게 생각하고 이해를 풍부하게 하는 깊이 있는 질문들을 물을 수 있다. 그러나 안타깝게도 대부분의 교사와 리더들은 학생들의 지식을 알아보기 위해서만 질문들을 한다. 그것은 길가에 씨앗을 뿌리는 것이다.

예수님은 위대한 질문의 모범을 우리에게 보여 주셨다. 그분은 많은 질문을 던지셨다. 200가지 이상의 질문이 복음서에 기록되어 있다. 그러나 그의 질문들 중 사실에 관해 청중에게 묻는 경우는 극소수에 불과하다. 로이 B. 주크 (Roy B. Zuck)는 「예수님의 티칭스타일*(Teaching as Jesus Taught*, 도서출판 디모데 간」)에서 이렇게 쓴다.

> 예수님은 사실을 되뇌는 기억형 질문을 좀처럼 묻지 않으셨다. 만약 예수님이 "너희는 무엇을 기억하느냐?"라는 질문을 하셨다면, 그것은 어떤 중요한

문제와 결부시키기 위함이셨을 것이다. 그러나 예수님은 자주 "너희는 무엇을 생각하느냐?"라는 질문으로 제자들에게 도전하셨다. 제자들은 예수님의 심중을 헤아려 정답을 맞추려고 애쓸 필요가 전혀 없었다. 오히려 스스로 생각하고 자신의 의견과 사상들을 표현할 수 있었다.[4]

예수님은 생각을 격려하고 이해를 촉진하는 멋진 질문들을 하셨다. 몇 가지 예를 보자.

"소금이 만일 그 맛을 잃으면 무엇으로 짜게 하리요?" (마 5:13)
"안식일에 선을 행하는 것과 악을 행하는 것, 생명을 구하는 것과 죽이는 것, 어느 것이 옳으냐?" (막 3:4)
"너희가 만일 선대(善待)하는 자를 선대하면 칭찬 받을 것이 무엇이뇨?" (눅 6:33)

이와 같은 질문들은 불행하게도 오늘날 교회에서 좀처럼 묻지 않는다. 대신에 "노아의 아들들의 이름은 무엇인가? 예수님은 어디서 탄생하셨는가? 바울은 어디서 회심했는가?"와 같은 사실을 캐는 질문들로 아까운 시간을 낭비하고 있다. 더더욱 이런 질문들은 대개 공과공부 시간에 행해진다. 교사가 사실을 캐는 질문을 하면 한 학생이 으레 답을 말하고, 나머지 반 전체는 수동적으로 앉아 있다.

사실을 캐는 질문들의 문제점

왜 이렇게 되는가? 그것은 바로 세 가지 근본적인 이유 때문이다. 교사의 의도는 좋을지라도, 그 가운데 어느 것도 타당성이 없다.

첫째, 교사들은 종종 성경의 이야기나 개념을 가르칠 때, 학생들에게 어떤 사실에 대한 기본 지식을 요구한다. 그래서 교사는 사실들을 가르치는 노력으로 사실에 근거한 질문을 한다. 그러나 질문 형식은 대개 사실을 전달하는 가장 분명하고, 편리하고 가장 강력한 방법을 사용해야 하는데 왜 그렇게 사용하지 않는가? 만약 사실을 아는 것이 필요하다면 교사는 이야기를 해 주거나, 그림을 보여 주거나, 개념을 실연(實演)하거나, 모든 학생들에게 사실을 캐는 작업을 하게 함으로써 큰 효과를 얻을 수 있다. 왜 사실을 받아들일 준비가 되지 않은 학생들에게 맡기는가? 게다가 학생들은 교사가 원하는 '옳은' 대답이 나오기까지 수많은 '틀린' 대답들을 듣고 앉아 있어야 하기 때문에, 수업 사정은 더욱 악화된다. 왜 시간을 허비하는가? 만약 사실들을 알게 할 필요가 있으면 학생들이 기억할 만한 방법으로 알게 하고 그 다음으로 넘어가라.

둘째, 선한 의도를 가진 교사들이 강의를 중단하고 학생들을 참여시키기 위해 사실을 캐는 질문들을 사용한다. 그러나 이런 질문들은 대개 교사가 구하는 한 가지 정답을 가지기 쉽고, 그것은 자연히 정답을 말한 한 학생이 교사와 상호교류를 하게 되는 것을 의미한다. 나머지 다른 학생들은 틀린 답을 말했기 때문에 낙심하거나, 또는 똑똑한 학생이 교사가 찾는 답을 말하는 동안 그저 수동적으로 앉아 있다.

셋째, 교사들은 종종 평가의 한 형태로 사실을 캐는 질문을 사용한다. 교사들은 학생들이 얼마나 알고 있는지를 궁금해한다. 그러나 이것은 매우 비효율적이고 신뢰할 수 없는 평가 방법이다. 만약 우리가 20명의 학생들에게 "노아의 방주는 얼마나 컸습니까?"라고 묻는다면, 우리는 무엇을 또 누구를 평가하고 있는가? 일반적으로 한두 명이 손을 든다. 똑똑한 학생이 정답을 말할 것이다. 그래서 우리는 무엇을 평가했는가? 우리는 똑똑한 학생이 이 질문에 대한 답을 알고 있다는 것을 평가했을 뿐이다. 그래서 어떤 유익이 있는가? 다른 19명에 대해서 그들이 무엇을 아는지 우리가 어떻게 아는가? 이런 평가는 시간 낭비이다.

방금 앞에서 묘사한 교사들의 행동은 어린이들을 가르치는 교사들만으로 국한되지 않는다. 우리는 성인들을 가르치는 교사들 역시 똑같이 무익한 길을 가는 것을 본다. 그들은 성경 구절을 읽는다. 그 다음 전체 반이나 회중에게 사실을 기억하는 질문을 묻는다. 이것은 성인 학생들에게 있어 지루할 뿐 아니라 그들의 지성에 대한 모욕이다. 우리는 교사가 일련의 기억형 질문들을 묻는 성인 공부반을 너무 많이 보아왔다. 우리는 "만약 당신이 이미 그 질문의 답을 알고 있다면 우리에게 묻지 말고 그냥 말해 주시고, 이 주제가 어떻게 우리의 삶에서 열매를 맺을 수 있는지 그것을 이해하는 공부로 나갑시다"라고 말하고 싶은 충동을 느끼곤 한다.

좋은 질문들의 특징

우리가 길가에 잘못 뿌려지는 씨앗들에 대해 염려한다면, 우리는 이해를 돕기 위해 깊이 생각할 수 있는 질문들을 해야 한다. 훌륭한 교육자들은 때로 좋은 질문의 네 가지 특징을 다음과 같이 말한다.[5]

1. **생각하게 하는 질문.** 이런 질문들은 간단한 대답으로 해결되지 않는다. 또한 학생들에게 생각하게 한다. 교사의 심중을 헤아리는 것이 그 목적이 아니다. - 예수님이 물으셨다. "어찌하여 형제의 눈 속에 있는 티는 보고 네 눈 속에 있는 들보는 깨닫지 못하느냐?" (마 7:3)

2. **판단을 피하는 질문.** 이런 질문에는 유일한 정답이 없다. 질문에 답하기 위해서 학생들은 자신을 살펴볼 필요가 있다. - 예수님이 물으셨다. "어찌하여 두려워하며 어찌하여 마음에 의심이 일어나느냐?(눅 24:38).

3. **감동적이며 지성을 자극하는 질문.** 이런 질문들은 감동을 일으키고 도전을 준다. 또한 학생들에게 충격을 주어 이해를 얻고자 씨름하게 한다. - 예수님이 말씀하셨다. "사단이 만일 사단을 쫓아내면 스스로 분쟁하는 것이니 그리하고야 저의 나라가 어떻게 서겠느냐? 또 내가 바알세불을 힘입어 귀신을 쫓아

내면 너희 아들들은 누구를 힘입어 쫓아내느냐?"(마 12:26-27).
4. 간명한 질문. 훌륭한 질문들은 종종 두어 마디로 되어 있으나 많은 것을 요구한다. - 예수님이 물으셨다. "…왜 의심하였느냐?"(마 14:31).

    좋은 질문을 하는 것은 쉬운 일이 아니다. 우리는 기독교 교육 교재를 집필하는 필자들에게 좋은 질문을 만들어내는 데 많은 시간을 투자하도록 충고했다. 그와 같은 질문들은 수업의 어느 부분 못지 않게 중요하다.
    좋은 질문을 함으로써 사람들이 하나님의 말씀을 보다 충분히 이해하도록 도울 수 있다. 이해가 증가할수록, 우리 씨앗이 길가에 떨어져 새에게 먹혀 버릴 가능성은 점점 줄어든다.

제3장

학습자 중심의 접근법

> 예수님의 초점은 흙, 즉 배우는 사람의 땅에 있다.
> 그분은 우리에게 단단히 굳은 길가와
> 돌밭과 가시밭과 좋은 땅에 대해 말씀하신다.
> 이 이야기에서 주연(主演)은 누구인가?
> 그것은 바로 흙이다!

사람들은 이 비유를 '씨 뿌리는 자의 비유'라 말하지만, 실제로 그것은 '흙의 비유'로 불려야 한다. 그 이야기는 씨 뿌리는 자에 관한 것이기보다 씨앗이 뿌려지는 다양한 유형의 땅에 관한 것이기 때문이다.

이 이야기에서 예수님의 초점은 흙, 즉 배우는 사람의 땅에 있다. 그분은 우리에게 단단히 굳은 길가와 돌밭과 가시밭과 좋은 땅에 대해 말씀하신다. 이 이야기에서 주연(主演)은 누구인가? 그것은 바로 흙이다!

그렇다면 우리가 하나님의 말씀을 전할 때, 우리는 누구를 초점으로 계획을 세워야 하는가? 가르치는 자들인가, 배우는 자들인가? 기독교 교육의 바람직한 결과는 무엇인가? 하나님의 말씀이 가르쳐지는 것인가, 하나님의 말씀이 배워지는 것인가?

이 비유는 좋은 씨가 힘차게 뿌려질 수 있으나 여전히 아무 결실도 맺지 못할 수 있다는 것을 분명하게 보여 준다. 수확의 성공은 땅의 상태에 달려 있기 때문이다.

여기에 우리에게 주는 심오한 교훈이 있다. 만약 우리의 초점이 단순히 가르치는 자와 가르침에 있다면, 우리는 거의 열매를 생산하지 못할 것이다. 그러나 만약 우리의 초점이 배우는 자에게로 이동하면, 그것은 우리가 하는 모든 것을 바꾸어 놓을 것이다.

교회의 초점은 너무 오랫동안 가르침에 국한되어 왔다. 학습자 중심의 접근법을 시험할 때가 되었다.

대학들은 서서히 동일한 결론에 이르고 있다. 〈덴버 포스터〉(The Denver Post)지에 따르면, 1998년 콜로라도 주립 대학의 알 예이츠(Al Yates) 총장은 고등 교육이 마침내 두 가지 진리에 부딪히게 되었다고 말했다.

> "첫째, 대학이 근본적으로 생산해 내는 것은 가르침이 아니라 배움이다.
> 둘째, 그 배움의 효율성에 대해 책임을 지는 쪽은 학생이 아니라 교육 기관이어야 한다."[1]

이것은 가슴을 후련하게 한다. 그 두 진리는 교회도 역시 고려해야 할 좋은 교육의 원리들이다.

학습자 중심의 특징들

'학습자 중심'(learner-based)이란 무슨 뜻인가? 이것은 분명한 목적을 가진 접근법이다. 학습자들이 배운 바를 이해하고 간직하고 적용한다는 것이다. 초점이 교사가 아니라 학습자에게 있다. 그것의 성공은 씨 뿌리는 자가 얼마나 열심으로 씨를 뿌리는가에 있는 것이 아니라 그 씨들이 뿌리를 내리고 열매를 맺는가에 근거한다. 이 관점의 이동은 대부분의 교회에서 엄청난 변화를 요구하나, 그 결과는 놀랄 만하다. 삼십 배, 육십 배, 백 배의 결실을 낸다(마 13:23).

학습자 중심의 접근법 몇 가지 전제를 살펴보자.

1. 학습자들은 서로 다르고 독특하다. 사람들이 모두 똑같은 방법으로 배우는 것은 아니다. 어떤 이들은 눈으로, 다른 이들은 귀로, 또 다른 이들은 접촉과 움직임으로 배우기도 한다. 어떤 이들은 분석적이며, 다른 이들은 보다 임의적이고 포괄적이다. 어떤 이들은 다른 이들보다 더 빨리 배운다. 학습자 중심의 전략들은 모든 학습자들의 편의를 도모한다.
2. 학습자들을 위해 효과적인 것은 교사나 리더들에게 편안함을 주는 것보다 훨씬 더 중요하다.
3. 학습자들이 학습 과정을 이끌어 가도록 돕는다. 그들은 선택의 기회를 가지며 호기심을 가지고 관심을 끄는 것은 탐구할 수 있다. 그들은 학습을 자신의 삶과 관련짓도록 격려된다.
4. 학습자들이 학습 과정을 누릴 때 가장 학습이 잘 이루어진다. 그들은 교과 과정이 즐거움을 줄 때, 다른 학습자들과의 우정과 상호작용이 권장될 때, 그리고 자신들이 존중되고 사랑받는 것을 느낄 때, 더 잘 배우고 기억한다.
5. 교육은 학습자들이 이해하고 기억하고 적용하는 것에 근거해 평가된다. 그것은 가르쳐지는 내용이나 교과 과정을 충실히 마치는 것이나 교사들의 웅변술에 근거해 평가되지 않는다. 학습은 학습자가 더 배우고자 하는 욕구와 그 배운 바를 다른 이들과 나누고자 하는 뜨거운 의욕을 창출할 때 효과적이 된다.

교사와 학생들을 위한 새로운 프로그램

학습자 중심의 접근법은 많은 교회 교사와 지도자들에게 완전히 새로운 사고방식을 가지도록 요구한다. 비 학습자 중심 교사와 학습자 중심 교사의 모습을 서로 비교해 보자.

■ 비 학습자 중심 교사의 사고방식

"내 일은 가르치는 것이다. 나의 성공은 학생들에게 가르치기로 되어 있는 내용을 다 가르치는 데 있다. 나는 우리 교단에서 나온 성경 공과를 사용하는데, 이유는 그것이 우리 교리의 모든 세세한 점들을 포함하고 있기 때문이다. 그것은 내가 어렸을 때 배운 것과 동일한 공과이다. 나는 이 공과를 안다. 이른바 '훌륭한 교사는 언제나 학생들보다 더 많이 아는 법이다.'"

"나는 학생들에게 말해 주어야 할 좋은 내용이 너무 많기 때문에 대부분의 시간 동안 강의하기를 좋아한다. 그 공과를 다 마치기 위해서는 그것이 유일한 방법이다. 뿐만 아니라, 나는 말을 잘한다. 나는 사람들 앞에 서는 것이 어색하지 않다. 내 자신 역시 훌륭한 강사들의 강의를 듣는 것을 좋아한다. 나는 그들로부터 많은 것을 배운다."

"나는 상당히 엄격하게 수업을 진행한다. 나는 학생들에게 너희들이 여기 온 것은 배우기 위함이라고 말한다. 그것은 그들이 장난치지 않고 조용히 앉아 내 말을 경청하는 것을 의미한다. 나는 학생들에게 나를 교사로서 존경하게 하기 위해, 언제나 권위자로서 내 위치를 지켜야 한다. 만약 학생들이 반항하면, 나는 '너희가 진지한 성경공부를 할 준비가 되어 있지 않다면, 그냥 여기서 나가도 좋다'라고 말한다. 그러면 몇몇 학생들이 나간다. 나는 학생들 중에는 단순히 배우기를 싫어하는 아이들도 있다고 생각한다."

■ 학습자 중심 교사의 사고방식

"내 일은 학생들이 성경의 진리들을 배우고 익혀 그것들을 그들의 삶에 적용하도록 돕는 것이다. 나는 학생들이 그들이 교실에서 배운 것이 그 주의 삶에 어떻게 영향을 미쳤는지를 말할 때 내가 성공했다는 것을 안다."

"우리는 학생들에게 공과 공부를 잘 참여하게 하는 교재를 사용한다. 학생들은 서로 이야기하면서 성경 이야기와 관련된 그들의 경험을 함께 나눈다. 학생들이 자신의 경험을 이야기할 때, 나는 오히려 그들에게 새로운 통찰을 배우게 된다."

"우리의 수업은 내가 주일학교를 다닐 때 모습과 전혀 다르다. 이 아이들 중 몇몇은 미술에 조예가 있어, 칠판에 성경 이야기를 그림으로 그린다. 또 음악에 재능이 있는 아이들은 노래 시간을 인도한다. 많은 아이들이 함께 시뮬레이션 게임에 참여한다. 아무도 지루해 하지 않는다. 이 점은 확실하다. 그리고 그들은 함께 있는 것을 정말 좋아한다."

"간혹 우리의 학습 활동은 다소 시끌벅적하지만 아이들은 너무나 재미있어 한다. 아이들이 배우고 익히는 한, 나는 기꺼이 다른 성도들에게 그 소란을 설명하는 내 역할을 다 할 것이다."

당신은 이 두 가지 경우의 차이를 아는가? 첫 번째 교사는 제도를 섬기기 위해 그곳에 있으나, 두 번째 교사는 학생들을 섬기기 위해 그곳에 있다. 첫째 교사는 학생들을 교사의 틀에 맞추려고 애쓰나, 둘째 교사는 공과 내용과 시간표와 환경을 조정하여 학생들의 필요와 욕구와 관심에 맞추려 애쓴다. 비 학습자 중심의 교사는 그 자신의 강점에서 가르치려 하나, 학습자 중심의 교사는 학생들의 강점을 살피고 그 점들을 살려 수업을 계획한다.

첫 번째 경우에서 징계는 항상 있는 문제로 보인다. 두 번째 보기에서는 학생들이 너무나 열심히 참여하여 문제를 일으킬 틈이 없다. 이것은 학습자 중심의 접근법이 가져오는 유익한 부산물 중 하나다. 징계 문제는 훨씬 드물다.

또 다른 부산물은 교사의 질적 향상과 만족이다. 학습자 중심의 교사가 말한 것을 주목해 보자. "나는 대개 내 자신이 학습자로부터 새로운 통찰들을 배우는 것을 본다." 이것은 교사가 혼자서만 말하지 않기 때문에 가능하다. 학생들도 수업에 참여하도록 하고 격려하기 때문이다. 그리고 그것은 교사로 하여금 줄 뿐만 아니라 받게도 한다. 바바라 L. 맥콤스(Barbara L. McCombs)와 조슈 휘슬러(Jo Sue Whisler)는 학습자 중심의 교육에 관한 상당한 조사 자료를 수집했다. 그들의 책 「학습자 중심의 교실과 학교」(The Learner-Centered Classroom and School)에서 그들은 말한다. "우리는 또 학습자 중심의 교사들이 보다 많은 학생들에게 효과적으로 학습 과정에 참여하게 하는 데 성공하고, 그들 자신이 보다 효과적인 학습자들이 되며, 또 자신의 직업에 더 만족해하는 사실을 발견했다."[2]

학생의 삶과의 관련성

학습자 중심의 접근법은 학습의 주제를 학생들의 실제 삶과 관련짓는 것을 강조한다. 예수님은 이 일의 대가셨다. 그분의 가르침은 언제나 듣는 이들의 상황에 적절했다. 그것은 지금도 적절하다. 예수님의 말과 행동은 즉시로 주위 사람들에게 적용되었다.

시애틀 부근에서 어린이 사역을 하는 샌디 라이트(Sandi Wright)는 그룹 출판사의 성경공부 교재를 통해 6학년을 가르치면서 학생들의 삶과 말씀의 관련성에 대한 새로운 차원을 깨달았다. 이 경험적 수업의 일부로 아이들은 각자 소경이나 사지 마비와 같은 여러 가지 '장애'를 가진 것처럼 가장하고, 서로 도와가며 교실을 가로질러 가야 했다. 그들이 장애자의 불편을 몸소 경험했을 때, 그들 사이에 활발한 토의가 이루어졌다. 그들은 장애자들에 대한 새로운 이해와 연민을 가지게 되었다.

샌디는 물었다. "여러분 또래의 어린이들이 가진 장애로는 어떤 것들이 있습니까?" 그들의 대답은 그녀에게 전혀 뜻밖이었다. 이 아이들은 그들 또래에게 영향을 미치는 가장 큰 장애로 '치열 교정기'를 들었다. 교사 중심의 사고방식으로 학생들의 반응을 무시하는 대신, 샌디는 그 다음 질문을 물었다. "어떻게 치열 교정기가 사람들에게 영향을 미치지요?" 학생들은 그녀에게 그로 인한 아픔과 학교를 결석한 일과 칫솔질의 불편을 말했다.

수업은 잠시 중단되고 치아에 치열 교정기를 한 모든 사람들을 위한 기도가 시작되었다. 학생들과 선생님 모두 실생활과 직접 관련되고 적용된 수업에 깊이 감동되었다. 그 아이들은 소경과 같은 주요 장애에 대해서 배웠을 뿐 아니라, 그들의 학습을 매일의 삶에서 그들이 마주치는 문제에 적용할 수도 있었다.

학습자들은 수업 과정에 참여하는 것이 허용될 때 성경을 자신의 삶과 연결짓는 멋진 방법들을 찾아냈다.

보다 학습자 중심이 되려면

교회 교사들과 리더들은 일종의 자기 반성을 통해 학습자 중심의 접근법을 이해하고 포용할 수 있다. 교사들이 배운 방식이나 가장 쉽게 배운 방식으로 가르치게 되는 것은 당연하다. 그럼 당신은 어떤 방식으로 가르치기를 좋아하는가? 당신은 대부분 말을 혼자 다 하기를 좋아하는가? 또는 학생들을 소그룹으로 나누어 그들에게 토론할 기회를 주기를 좋아하는가? 당신은 학습지를 선호하는가? 또는 보다 활동적인 학습 형태를 선호하는가? 당신은 학생들이 나란히 줄을 맞추어 앉아 있기를 원하는가? 또는 그들이 자유스럽게 바닥에 앉아 있기를 원하는가? 당신은 권위자가 되기를 원하는가? 또는 돕는 자나 친구가 되기를 원하는가?

당신이 선호하는 것들을 생각한 다음 그것들을 교사 중심의 경향들로 명명하라. 먼저 당신 자신의 기호나 편견을 인식하라. 자신의 모습이 드러났으니, 그 다음 질문으로 넘어갈 수 있다. 학생들은 어떤 식으로 가르칠 때 가장 잘 배우는가? 아마 당신의 학생들 중 다수는 당신의 학습에 대한 경향들을 좋아하지 않을 수 있다. 학생들은 당신이 자라고 배운 그대로 성장하지 않았다. 또한 당신과 동일한 배경, 동일한 사회적 영향들, 동일한 뇌 구조를 지니고 있지 않다.

이제 다른 모양의 교사나 리더나 설교자가 되기로 결심하라. 이 새 방향은 당신의 옛 방식처럼 편안하지 않을 것이다. 그러나 학습자 중심이 되는 것이 학습자를 위해 최선의 것을 행하는 것을 의미하거나, 교사가 가장 편안한 무엇을 하는 것이 아니란 점을 기억하라. 그리스도는 편안하기 위해 우리에게 그를 따르도록 명하시지 않았다. 오히려 정 반대로, 그분은 제자의 길을 가는 것이 때로 심히 불편할 것을 경고하셨다. "…아무든지 나를 따라오려거든 자기를 부인하고 자기 십자가를 지고 나를 좇을 것이니라"(마 16:24).

그러므로 당신의 학생들을 위해 변신을 시도하라.

학습자들의 새 세계

신학교 학장이자 교회사 연구가이자 미래학자인 레오나드 스위트(Leonard Sweet)는 자신의 저서 「영적 각성으로 가는 열한 가지 기초 관문들」(Eleven Genetic Gateways to Spiritual Awakening)에서 이렇게 쓴다.

> 이제 교육에 대해 말하기를 그치고 학습에 대해 말할 때가 되었다. 학습은 "언제나, 어디서나, 누구나, 무엇이나"를 포괄한다. 사실 학습은 영적 각성에 있어 예배 보다 더 핵심일 수 있다. 우리는 교회의 교육 체계를 '강의-연습-시험' 방식의 틀에 박힌 모델에서 탈피시켜야 한다. 종교적 학습 체계는 수동적 학습 방식에서 적극적 학습 방식으로 이동하는 것이다. 특히 학생들이 특별히 흥미를 가지는 영역에서 그들 나름의 속도로 사고의 습관과 영혼의 습관을 배우는 새로운 학문적 패러다임에 기초해야 한다.[3]

스위트는 오늘날의 학습자들이 이전 세대들과 근본적으로 다르다는 사실을 교회가 이해할 필요가 있다고 말한다. 우리는 우리 주변의 세계에 의해 서로 다르게 빚어져 왔다. 예를 들어, 그는 사실상 우리 두뇌의 "배선이 바꾸어지고 있다"고 말한다. 우리는 '직선적'(linear)으로 생각하는 사람에서 '고리식'(loopy)으로 생각하는 사람으로 이동하고 있다.

인기 있는 텔레비전 쇼들을 보기만 해도 그것을 알 수 있다고 스위트는 말한다. 여러 해 전에 〈보난자〉(Bonanza)가 빅 히트를 쳤다. 매주 그것은 매우 직선적이며 연속적인 내용을 보여 주었다. 그 쇼는 어떤 한 상황에서 시작되어 매 장면이 우회 없이 이어지면서 서서히 결론에 이르렀다.

그러나 1990년대에 들면서 텔레비전 쇼들이 어떻게 바뀌었나 주목해 보라. 빅 히트를 친 것이 무엇인가? 그것은 병원 드라마 〈ER〉(Emergency Room의 약자 ; 역주) 이었다. 〈ER〉의 스토리 전개는 전혀 직선적이지 않다. 그것들은 고리식으로 전개되어 서로 다른 이야기들을 왔다갔다한다. 여러 층으로 쌓인 이야기들이 동시에 발생한다.

스위트는 이 쇼가 우리 사회를 반영한다고 말한다. 사람들은 고리식으로 더 잘 배우고 있다. 그들은 인터넷을 항해한다. 그것은 여러 층으로 쌓여 있고 동시에 발생하는 실로 고리식 매체이다. 어쨌든 간에, 오늘날의 어린이들은 텔레비전을 시청하면서 음악을 들으며, 전화로 이야기하며, 숙제를 할 수 있다. 그 모든 것을 한꺼번에 할 수 있다.

오늘날 교사 중심의 학습 모델은 이전처럼 효과를 거두지 못한다. 학습자 중심의 접근법은 오늘날 사람들이 어떻게 변하고 있는지 관찰하게 한다. 그들은 점점 덜 직선적이며 보다 임의적으로 되어 가고 있다. 그렇기 때문에 스위트는 이렇게 말한다. "나는 가르치지 않는다. 나는 학습을 계획한다. 나는 더 이상 설교를 쓰지 않는다. 나는 경험을 창조한다."

학습자 중심의 교과 과정

교회는 "학습을 어떻게 계획해야" 하는가? 그것은 오늘날의 학습자들이 예전과 달리 각기 다른 방식으로 배운다는 것을 인정하는 것에서 시작된다. 앞에서 우리는 개인들이 서로 다른 '학습 유형'을 지니는 점을 지적했다. 학습 과정이 각 개인의 스타일과 조화할 때, 그들은 더 잘 배우고 더 오래 간직한다.

어떤 이는 시각 지향적이며 다른 이는 청각 지향적이다. 어떤 이들은 보다 만지고 움직이는 것을 통해 배우기를 좋아하는 동적(動的)이다. 교회는 모든 학습자들의 학습 유형을 수용하는 참신한 학습 자료를 사용할 필요가 있다. 교사 중심의 옛 자료들은 대개 한두 유형에만 적합하다. 그것은 교사의 강의와 지루한 학습지로 이루어져 있다. 그리고 대개 그것의 접근 방식은 매우 직선적이다. 엄격한 순서를 따라 행해질 때에만 수업이 의미를 가지고, 또 결론에 이르기 위해서는 모든 것을 빠짐없이 다루어야 한다.

모든 자료들은 활동적이며 경험적인 접근법을 사용한다. 사람들은 행함으로써 배운다. 그것은 예수님이 사용하신 학습자 중심의 교육 기법이었다. 예수님은 겸손히 섬기는 자세를 가르치고자 하셨을 때, 친히 무릎을 꿇어 제자들의 발을 씻기셨다. 그분은 설교를 하시거나 학습지를 주실 수도 있었다. 그러나 그분은 학습자들과 가장 밀접하게 연관된 방법을 선택하셨다.

어떤 이들은 이 활동적인 방법이 어느 한 유형의 학습자에게만 해당된다고 말하지만, 우리는 그 말에 동의하지 않는다. 예수님의 모범을 보자. 시각 지향적인 제자들은 예수님께서 사람들의 발을 씻기시는 놀라운 광경을 '목격했다'. 그 시각적인 학습자들은 그 교훈을 기억했다. 청각적인 제자들은 반대하는 베드로와 주님이 주고받는 말을 들었고, 또 예수님이 그분의 행동이 주는 의미를 설명하시는 것을 '들었다'. 그들은 그 교훈을 기억했다. 또한 촉각 지향적인 제자들은 예수께서 그들의 발을 붙잡아 부드러운 손길로 깨끗이 씻기시는 것을 '느꼈다'. 그 접촉·움직임 학습자들은 그 교훈을 기억했다.

따라서 훌륭한 활동 학습 경험은 모든 유형의 학습자들에게 유효하다. 활동 학습 교과 과정은 보다 학습자 중심이 되기 원하는 교회들에게 멋진 해결책이다.

"우리가 행하기를 배워야 하는 무엇을 우리는 바로 그것을 행함으로써 배운다."
- 아리스토텔레스

또 다른 학습자 중심 접근법의 특징은 이른바 상호작용 학습이다. 이것은 학생 대 학생의 대화다. 우리는 사람들이 말을 하게 될 때, 더 잘 배우고 기억하는 사실을 발견했다. 이것은 교사가 질문을 하면 한두 학생만 답하는 전형적인 방식의 대화가 아니다. 참된 상호작용 학습은 짝이나 소그룹을 통해 모든 학습자들이 말을 할 수 있게 한다.

일부 교사들은 학생 대 학생의 대화가 단지 떠들며 쓸데없는 말만 늘어놓는다고 하여 상호작용 학습을 회피한다. 이것은 그 과정을 오해한 것이다. 우리는 사실을 전달하기 위함이 아니라 개인의 이해를 풍부하게 하기 위해 상호작용 학습을 사용한다. 상호작용을 하는 짝과 그룹들은 "베드로가 예수님을 부인한 세 가지 방식은 무엇인가?"와 같은 질문이 아니라, "베드로는 왜 예수님을 부인했을까?"나 "우리는 일상 생활에서 어떤 식으로 그리스도를 부인하는가?"와 같은 질문을 토론한다. 이런 유형의 상호작용은 "쓸데없는 말들을 늘어놓게 하지 않는다. 오히려 그것은 교사의 강의가 할 수 없는 방식으로, 학습자에게 하나님의 말씀을 이해하고 각자의 삶에 적용하도록 돕는다.

조사 결과 상호작용 학습이 보다 깊은 학습을 낳는다는 것이 입증되었으나, 교회와 교사와 출판업자들은 좀처럼 그것을 수용하지 못하고 있다. 미네아폴리스에 소재한 〈조사 기관〉(Search Institute)에서 기독교 교육의 효율성에 대한 광범위하고 중요한 연구를 수행했다. 그와 같은 한 연구는 미주리 대회 소속 루터교 교회들(the Lutheran Church-Missouri Synod)의 교육을 조사했다. 다음은 그 조사 보고서에서 발췌된 내용이다.

교육 내용만큼 중요한 것은 효과적인 교육 과정이다. LCMS 교회들 가운데, 기독교 교육에 있어 신앙의 성숙과 인도자 중심의 일방적 의사전달(이른바 '수동적 학습') 사이에 상관성이 거의 존재하지 않는다. 즉 교사에 의해 부과된 지식은 개인의 신앙 성장에 거의 영향을 미치지 못한다는 것이다.

이와 반대로, 사람들로 하여금 학습 인도자와 서로간에 상호작용을 하는 학습 과정들은(상호작용 학습) 신앙에 중대한 영향을 미친다. 또한 사람들은 서로간에 자신과 함께하신 하나님에 대해 나누고, 신앙을 삶의 문제와 관심사들에 적용하도록 돕는다.

이런 상호작용 교육 환경을 자주 경험한다고 말하는 청소년이나 성인들은 거의 없다. 단지 1/4 정도의 성인들과 훨씬 더 적은 숫자의 청소년들이 상호작용 학습 과정을 정기적으로 경험할 뿐이다.

따라서 이 연구는 대부분의 교회가 청소년이나 성인 교육에 상호작용 학습 형태를 채택하지 않는 것을 보여 준다. 대신에, 그들은 계속해서 인도자나 강사로부터 신앙에 별로 영향을 미치지 못하는 형태로 정보가 전수되는 것에 주로 의존하고 있다.[4]

상호작용 대 수동적 학습

오른쪽은 〈조사 기관〉의 연구에서 교회 약 2,000개를 대상으로 실시한 '교회 교육의 속성에 대해' 보고한 성인과 청소년들의 비율이다.[5]

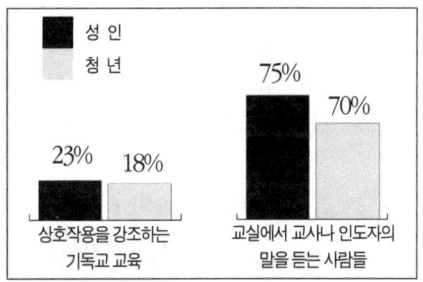

당신의 교회는 이와 같은 연구에서 어떻게 평가되었는가? 만약 당신이 학습자 중심의 교육을 할 준비가 되어 있다면, 교과 과정을 재정비할 때가 되었다. 그리고 목표가 분명한 교사 훈련을 받을 때가 된 것이다. 이 책은 교사들에게 참된 학습 방법들을 익히고 활용하도록 도울 것이다.

"학생들이 당신이나 허공이 아닌 서로서로 이야기하게 하라."
- 웨인 C. 부스(Wayne C. Booth)

서로 다른 종류의 지능

학습자 중심의 접근법은 모든 사람들이 배울 수 있다는 점을 전제로 한다. 모두 유능하고 똑똑하다. 그러나 그들은 각각 다른 방식으로 똑똑하다.

사람들은 IQ 테스트에 대해 많이 말한다. 이 테스트는 교육자들에게 소위 지능에 따라 학생을 다른 학생들과 비교하여 등급을 매긴 점수를 제공한다. 그러나 많은 이들은 개인의 일반적 지능이 그렇게 측정될 수 있다는 생각에 이의를 제기한다. 콜린 로즈(Colin Rose)와 말콤 J. 니콜(Malcolm J. Nicholl)은 그들의 책 「21세기를 위한 가속 학습」(Accelerated Learning for the 21st Century)에서 이렇게 쓰고 있다.

> 지능 테스트는 사람들이 잘 하는 분야의 능력을 측정한다. 지능은 상황에 따라 변할 수 있다. 만약 당신이 오스트레일리아의 숲 속에서 한 원주민 여성과 함께 음식도 물도 없이 유리되었다면, 똑똑한 사람은 바로 그녀일 것이다. 왜냐하면 그녀가 생존할 수 있는 방법을 알기 때문이다. 그러나 그녀를 당신의 사무실로 데려와 컴퓨터를 사용하게 하면 입장은 바뀔 것이다[6]

몇 해 전에 하버드 대학의 하워드 가드너(Howard Gardner) 교수는 일반 지능의 가치에 대해 이의를 제기했다. 그는 사람들이 서로 다른 종류의 지능을 소유한다는 의견을 제시했다. 지금까지 그는 여덟 가지 종류의 지능을 밝혔으나 더 많을 것으로 본다.[7]

이 여덟 가지 지능에 대한 이론은 각 사람마다 학습 수용 능력의 차이를 연구하려는 교육자들에게 매우 유용했다. 그 이론은 사람에 따라 지능들이 서로 다르게 조합되어 있다는 것이다. 아무도 한 가지 지능만 유일하게 가지지 않으며 모든 사람이 한두 가지 종류에서 탁월한 경향을 보인다. 다음은 각 지능에 대한 간략한 설명이다. 각 지능에서 탁월한 학습자들을 돕는 방법과 약간의 조언도 포함되어 있다. 당신이 학생들을 잘 가르치기 위해 또한 학습자 중심으로 교육하기 위해 아래와 같은 정보를 활용하면 좋을 것이다.

1. 언어적 지능 - 강점 : 낱말의 사용 - 듣기, 읽기, 쓰기, 말하기, 암기
   이야기를 말하거나 읽으라
   일기 쓰기를 이용하라
   학생들을 토론에 참여시키라

2. 논리적 지능 - 강점 : 숫자, 추상적 사고, 논리적 추론, 조직화, 문제 해결
   학습하는 내용을 분석하고 해석하라
   탐구하고 생각하는 질문들을 하라
   학생들이 문제를 직접 해결하게 하라

3. 시각·공간적 지능 - 강점 : 미술, 그리기, 상상, 은유 사용
   그림이나 포스터, 지도, 비디오를 사용하라
   학생들로 하여금 자신이 이해한 것을 그리게 하라
   미술과 공작 활동 시간을 가지라

4. 음악적 지능 - 강점 : 음악, 리듬, 음조, 음악이 주는 정서적 감동에 민감함
   노래를 통해 성경의 진리를 배우게 하라
   노래 가사 쓰기를 권장하라
   분위기를 잡기 위해 음악을 사용하라

5. 신체·근운동적 지능 - 강점 : 운동, 춤, 손재주, 연기
   드라마나 역할극으로 이야기를 연출하라
   신체의 움직임, 게임, 춤을 사용하라
   학습 내용을 모형으로 만들게 하라

6. 개인내의 지능 - 강점 : 자기에 대한 이해, 자기 반성, 자아·동기부여, 숙고
   조용히 생각하는 시간을 가지라

독자적으로 공부하는 시간을 가지라
일 대 일 면담 학습의 기회를 가지라

7. **대인 관계적 지능** - 강점 : 협력, 협상, 다른 이들의 필요에 민감함
상호 활동적인 학습을 사용하라(짝 나눔, 소그룹)
봉사 활동을 하라
서로 어울리고 친밀해지는 시간을 가지라

8. **자연주의적 지능** - 강점 : 자연을 알고, 감상하고, 상호 교류함
야외 수업 시간을 가지라
식물이나 동물, 돌과 같은 것을 학습 활동에 이용하라
하나님의 천지 창조를 강조하라

학습자 중심의 환경 만들기

학습 효과를 높이기 위한 수업 공간은 어떻게 배치해야 하는가? 의자들을 나란히 배열하는 것인가? 아마 아닐 것이다. 그런 배열은 획일적인 사고방식을 만드는 일에 더 잘 어울리며 모든 사람이 조립 라인 위에서 동일한 취급을 받는 것과 같다.

언제나 의자를 교사와 마주보게 해야 하는가? 그렇게 되면 권위주의적인 이미지를 강조하는 교사 중심의 사고방식을 진작시킬 뿐이다. 탁자는 필요한가? 해묵은 낱말 퍼즐을 고집하지 않는다면 아마 필요하지 않을 것이다. 당신의 학습 환경과 학습 철학이 어떤 관계가 있는지 생각해 보자.

레오나드 스위트(Leonard Sweet)는 교회가 내용 지향적인 기관에서 관계 지향적인 유기체로 이동하고 있다고 믿는다. 이 관계 지향성은 교회를 예수님식의 사역으로 돌아가게 한다. 예수님의 목적은 사람들에게 종교적인 내용을 가르치는데 있는 것이 아니라, 사람들과 참다운 관계를 맺고 또 서로 간에 동정과 사랑의 관계를 나누게 하는 것에 있었다. 당신은 그 철학을 좋

아하는가? 만약 그렇다면, 당신의 수업 공간을 배치하는 데 예수님의 철학은 어떤 영향을 미치겠는가? 그 배치가 관계성을 진작시키는가? 사람들이 다른 이들과 쉽게 만나고 서로 편하게 대화할 수 있도록 의자들이 배열되어 있는가?

헬렌은 여름성경학교의 공작 시간에 보조교사로 자원했다. 교육 담당 전도사는 이미 공작실을 정리해 두었다. 공작실에는 아무 의자나 탁자도 두지 않았다. 아이들은 그것을 매우 좋아했다. 교실 바닥 전체가 아이들의 공작 무대였다. 그러나 헬렌은 그것을 싫어했다. "왜 다른 일반 교실과 같이 여기에 탁자와 의자를 두면 안되나요?" 그녀가 전도사에게 물었다.

전도사는 이런 배치가 어린이들에게 가장 좋다는 것을 설명했다. 그러나 헬렌은 계속 부적절하다고 주장했다. 마침내 그녀는 마루 바닥에 앉는 것을 좋아하지 않는다고 고백했다. 이 장면은 또 다른 교사 중심의 사고방식의 모습이다. 전도사는 헬렌에게 의자에 앉게 했고, 어린이들은 여전히 바닥에 자유롭게 앉아 있었다. 헬렌은 만족했다.

그런데 여름성경학교가 끝났을 때 헬렌은 그 전도사를 붙잡고 칭찬을 늘어놓았다. "이번 여름성경학교가 가장 멋졌어요! 어린이들이 너무나 좋아했고, 저 또한 정말 많은 것을 배웠어요. 그리고 아이들이 교실 바닥 전체를 사용하여 만들기를 한 것도 정말 좋았어요." 그녀는 마치 그것이 자신의 아이디어였던 것처럼 말했다. 전도사는 학습 환경을 학습자 중심으로 만들었다. 그녀는 교사 중심의 불평에 굴복하려는 유혹을 거부했고, 그 결과 어린이들은 많은 것을 얻었다.

학생들에게 최대한의 경험과 학습 효과를 줄 수 있는 수업 공간으로 배치하라. 학습에 필요한 상황에 따라 빈번히 대형을 바꾸는 것을 주저하지 말라.

학생들을 분류하기

교사 중심의 사고방식은 전통적으로 학습자들을 연령에 따라 구분했다. 이것은 조직과 행정에 편리하다. 그러나 이 방식이 늘 학습자들에게 가장 좋았는가?

> "어린이들은 그들이 준비가 되었을 때 태어난다.
> 그들은 준비가 되었을 때 긴다.
> 그들은 준비가 되었을 때 이가 난다.
> 그들은 준비가 되었을 때 걷는다.
> 그들은 준비가 되었을 때 말한다.
> 그러나 그들은 준비가 되었든 되지 않았든, 5살이면 학교에 간다."
> - 짐 그란트(Jim Grant), 교육자

학습자들을 연령으로 구분하는 것은 동일한 연령에 해당하는 모든 사람이 똑같은 비율로 발달하고, 똑같은 속도로 배우며, 비슷한 흥미들을 가지고, 동일한 필요들을 느낀다고 가정한다. 이것은 그릇된 가정이다. 교회도 공립학교를 본떠 동일한 연령으로 아이들을 분반한다. 그러나 이제 학교에서 이 정책을 재고하고 있다. 많은 학교들이 '혼합 연령 교실'들로 옮겨가고 있으며 상당한 성공을 거두고 있다.

때로 학생들을 혼합 연령 집단들로 나누는 것도 좋은 결과를 얻는다. 이런 구성에서 학생들이 건강한 가족들의 모습과 같은 방식으로 배우고 서로 관계할 수 있다. 10명으로 된 가족은 다양한 나이의 아이들을 포함한다. 가족들은 서로의 경험을 나누면서 즐기며 함께 배운다. 이런 생각은 하나님 안에서 한 가족을 이루는 데도 효과적이다

우리 출판사의 여름성경학교 프로그램 가운데 하나는 다양한 연령의 아이들 6명을 한 조로 나눈다. 한 조에는 1-6학년까지 각 학년별로 한 명씩 들어갈 수도 있다. 이 조들은 성경학교 기간 동안 같이 지낸다. 그 효과는 대단

하다. 성경학교 책임자와 교사들은 이런 혼합 연령 분반이 지닌 여러 가지 장점들을 보고했다.

1. **증진된 학습**. 학생들은 그들 나름의 속도로 나아갈 수 있다. 다른 아이들과 진도를 맞추어야 할 압박감이 적다. 종종 나이가 든 아이들이 어린아이들을 가르치는데, 그 어린아이들은 그들이 받는 여분의 관심을 매우 즐긴다. 그러나 나이가 든 아이들 역시 그들이 '선생님'이 되어야 하기 때문에, 이 경험은 그들에게 유익하다. 우리는 어느 수업에서나 누가 가장 많이 배우는지를 안다. 그것은 바로 가르치는 자이다. 따라서 어느 아이가 정말 많이 배우겠는가?

2. **협동**. 교사들은 이 혼합 연령 집단들이 협동 정신을 배운다고 보고한다. 그들은 서로 돕는 경향이 있다. 나이가 든 아이들이 어린아이들을 돌본다. 그리고 어린아이들은 나이가 든 아이들을 따르고 의지한다.

3. **융통성**. 혼합 연령 분반은 어떤 규모의 교회에도 효과적이다. 어린이들이 몇 명되지 않아도 좋다. 그들을 한두 반의 혼합 연령 집단으로 만들면 된다. 만약 어린이들이 수백 명이라면, 그래도 역시 좋다. 필요한 만큼 많은 혼합 연령 집단으로 나누라. 종종 시설 문제 역시 사라진다. 1학년이 너무 적고 4학년이 너무 많은 것을 걱정할 필요 없이, 그저 학생들을 건물 내에 고루 분배하기만 하면 된다.

4. **징계**. 이것은 정말 축복이다. 교사들은 혼합 연령 분반이 징계 문제를 거의 없어짐을 발견했다. 첫째, 언제나 같이 어울려 말썽을 피우는 그 3학년 남자 아이들을 자연스럽게 서로 떼어놓을 수 있다. 그리고 서로 다른 연령이 뒤섞여 있는 것은 아이들의 행동에 긍정적인 동년배 압력으로 작용한다. 어린아이들은 나이 든 아이들 앞에서 폼을 잡는 것을 불편하게 여기고, 나이가 든 아이들은 어린아이들 앞에서 말썽꾸러기로 행동하는 것을 유치하게 여긴다. 이것은 실제 효과가 있다.

혼합 연령 개념은 많은 교회들을 위해 유용한 학습자 중심의 해결책이다. 그것은 교실 한 칸 밖에 없는 주일학교가 사라진 이래 우리가 잊고 있었던 많은 혜택들을 제공한다. 조아니는 남부 다코다에서 초등학교를 그와 같은 곳에 다녔다. 그녀는 각 학년으로 엄격하게 나누어진 학교에 다니는 것보다 훨씬 더 많이 배우고, 더 깊은 우정을 나누고, 더 많은 관심과 사랑을 받았으며, 그 과정을 더 많이 누렸다고 생각한다.

"사람들은 비록 한배에서 여럿이 태어나는 동물의 새끼처럼 태어나지 않아도, 우리는 그런 새끼들처럼 함께 섞여 교육되어야 한다고 주장하는 것과 같다."

- 릴리안 카츠(Lilian Katz), 전국어린이교육연합회
(National Association for the Education of Young Children)

2부
돌밭에 떨어진 씨앗

"더러는 흙이 얕은 돌밭에 떨어지매
흙이 깊지 아니하므로 곧 싹이 나오나
해가 돋은 후에 타져서 뿌리가 없으므로 말랐고…
돌밭에 뿌리웠다는 것은
말씀을 듣고 즉시 기쁨으로 받되
그 속에 뿌리가 없어 잠시 견디다가
말씀을 인하여 환난이나 핍박이
일어나는 때에는 곧 넘어지는 자요"
마태복음 13:5-6, 20-21

4장 단기적 기억에서 장기적 기억으로 이동
예수님은 사람들이 이미 알고 있는 것을 적용해 가르치면
더 잘 이해하고 더 오래 간직할 것을 아셨다.
종종 사람들의 이해와 기억을 돕는 고기, 배,
그물, 양, 동전과 같은 시각적인 보조물을 사용하셨다.

5장 감정 : 학습과 보유의 접착제
감정의 관련은 학습을 장기적 기억 속으로 깊이 뿌리내리게 한다.
하나님은 우리를 감정을 가진 존재로 지으셨다.
예수님의 가르침은 강한 감정들을 유발했다.

6장 가정 : 뿌리가 깊이 내리는 곳
부모들은 교회에서 가장 주된 신앙 교육자들이며,
가정은 자녀들에게 믿음을 심고 그것을
한 세대에서 다음 세대로 전수하기 위해
하나님이 제정하신 기관이다.

2부 돌밭에 떨어진 씨앗 — Falling on Rocky Ground

예수님의 청중은 이 메시지를 즉시 연결지을 수 있었다. 그는 흙이 얇은 땅이 어린 식물에게 해(害)가 되는 것을 잘 알고 있었다. 갈릴리 지방의 많은 토양 아래층에는 석회암으로 된 기반암을 가지고 있다. 어떤 장소든지 그 기반암에 덮힌 토양의 층은 매우 얇다. 그럼에도 토양은 어린 씨앗을 감쌀 만큼은 충분하기 때문에, 약간의 수분과 함께 씨앗은 싹을 틔운다. 따뜻한 햇빛을 받으며 파릇파릇 새싹이 돋아난다. 그러나 뿌리를 깊이 내리기에는 흙이 충분히 깊지 못하다. 그래서 뿌리는 깊은 곳의 생명수를 빨아들일 수 없다. 그때 태양은 따뜻한 친구에서 무서운 적으로 탈바꿈하여 그 어린 싹을 태워 죽인다.

어느 농부의 밭에서나 지하에 있는 돌들에게는 나쁜 소식이다. 그러나 그것들은 눈에 바로 보이지 않기 때문에, 농부는 괜찮다고 생각할 수 있다. 농부는 씨앗을 뿌리고 잠시 후에 새싹들이 돋는다. 보기에 좋으나 싹들이 곧 시들어 죽기 시작한다. 농부는 힘겨운 교훈을 배운다. 그 보이지 않는 돌들을 처리하지 않는다면 추수는 없을 것이다.

버드 씨는 돌들에 관해 모든 것을 안다. 어떤 밭에는 씨를 뿌리지 않는다. 왜냐하면 그곳은 돌이 너무 많아 식물이 자랄 수 없다는 것을 그가 알기 때문이다. 그래서 그는 수많은 밭에서, 매년 돌들과 전투를 벌인다. 사실, 그의 딸 조아니는 어린 시절 밭에서 돌을 치우는 것이 자신의 임무였던 것을 분명히 기억한다. 그녀는 아버지의 낡은 트랙터 뒤에 달린 평평한 수레 위에 앉았다가, 아버지나 그녀가 돌을 발견할 때마다 뛰어내려 돌을 집어 수레 위로 던졌다. 이 지루한 일과는 수시간 동안 거듭 되풀이되었다.

조아니는 돌 줍기를 매우 싫어했다. 그러나 성공적인 수확을 위해서 그 일은 반드시 행해져야 했다. 오늘날 버드 씨의 성공은 조아니와 밭에서 돌을 제거한 다른 일꾼들의 덕택이다. 오늘날처럼 작물이 번성하는 것은 그들의 뿌리가 깊이 내렸기 때문이다.

너무 빨리 희망에 부풀지 말라

예수님의 이야기의 이 부분은 중요한 뜻을 함축하고 있다. 그분은 어떤 사람이 복음에 관해 첫 열심을 보일 때, 우리의 일이 다 끝났다고 섣불리 생각하지 말라고 말씀하신다. 그 비유에서 '싹이 나오냐' 곧 그것은 죽었다. 어떤 사람이 말씀을 듣고 기쁨으로 그것을 받았다. 그러나 정말 중요한 것은 그것이 아니다.

교사와 리더들은 종종 누군가가 주님에 대해 첫 관심을 보일 때 매우 흥분한다. 그러나 그 호기심이 없어지면서 관심이 사라지는 것을 보는 것은 정말 실망스러운 일이다.

여기서 우리는 복음을 전하는 어떤 방법들을 배우는가? 우리는 청중에게 불을 붙이는 방법을 아는 부흥사들에게 경탄한다. 그들은 열정적인 말을 반복하여 사람들을 '앞으로 나오도록' 초청한다. 많은 사람들이 그와 같은 설교자들 주위에 떼를 지어 모여들고, 그들은 기쁨으로 말씀을 받는다. 그런 때 그들은 흥분한다. 그러나 그 다음은 어떤가? 만약 그들의 뿌리가 깊이 내리도록 도움을 받지 못한다면, 주님을 향한 그들의 관심은 쉽게 시들어 버릴 것이다.

예수님은 이 비유를 통해서 우리에게 얄팍하게 겉모습을 보며 판단하는 것에 대해 경고하신다. 말씀이 깊이 심어지지 않는다면, 그것은 자라서 열매를 맺지 못할 것이다. 환난이나 핍박이 일어나는 때에 사람들은 곧 넘어질 것이다.

만약 우리가 하나님의 말씀을 뿌리는 일에 진지하다면, 우리는 그 말씀이 뿌리를 내리는 것을 돕는 방법들에 대해서도 진지해야 한다. 예수님은 일시적인 발아를 가능케 하는 우리의 노력에 관심을 두지 않으신다. 우리가 성경공부 자료로 학습자들을 맹훈련시킬지라도 공부가 점점 힘들어지면서 그들이 말씀을 잊어버린다면, 성과를 거의 얻지 못한다. 우리는 사람들이 진정으로 배우고, 그 배운 것을 장기적으로 보유하고, 그것을 적용하여 열매를 맺도록 하는 방법을 찾을 필요가 있다.

일어나 삽을 들고 땅을 깊이 깊이 파기 시작하자.

| 제4장 | **단기적 기억에서 장기적 기억으로 이동**

> 예수님은 사람들이 이미 알고 있는 것을 적용해 가르치면
> 더 잘 이해하고 더 오래 간직할 것을 아셨다.
> 종종 사람들의 이해와 기억을 돕는
> 고기, 배, 그물, 양, 동전과 같은
> 시각적인 보조물을 사용하셨다.

"**우**리가 가르친 사람들 가운데 배운 것을 뿌리내리는 자가 있는가?" 우리는 이 질문에 답을 얻기 위해 학습자들에게 직접 가서 물어 보기를 좋아한다.

우리는 어린이 성경암송 프로그램을 적극적으로 운영하는 교회들을 여러 곳 방문했다. 수시간 동안 어린이들과 이야기하면서, 그들이 배운 것, 기억하는 것을 우리에게 말하게 했다. 많은 어린이들이 우리가 방문한 그 날 배운 성경구절을 암송할 수 있었다. 그러나 몇 주 혹은 몇 달 전에 배운 다른 구절을 하나라도 암송할 수 있는 어린이는 극소수였다.

다음은 암송상으로 받은 핀과 배지를 주렁주렁 가슴에 단 한 소년과의 면담한 내용이다.

탐 : 이 모든 구절들을 암송하기 위해서는 정말 열심히 외워야겠구나. 그런데 넌 왜 그렇게 열심히 외우니?

소년 : 그렇게 외우면 말씀을 알 수 있으니까요.

탐 : 그 말씀을 잘 알면 어떻게 되지?

소년 : 그럼 여기서 통과하고요. 이후에도 계속 기억할 수 있어요.

탐 : 좋아. 그럼 지난주에 네가 배운 구절을 기억할 수 있겠니?

소년 : 지난주요? 음… 아니요. 못하겠어요.

탐 : 두 주 전 것은?

소년 : 그것도 못하겠어요.

탐 : 그보다 훨씬 이전의 것은 어때?

소년 : 에이, 그런 걸 어떻게 기억해요?

탐 : 그럼 이번 주에 배운 것말고 하나라도 다른 구절을 기억하니?

소년 : 아니오. 사실 새 구절을 외우려만 하지 지나간 것은 다시 보지 않거든요.

우리는 이와 비슷한 면담을 수시간 동안 했다. 불행하게도 이 소년의 반응은 예외가 아니라 보통이었다.

그 교회는 무엇을 하고 있는가? 무수한 시간을 암송 훈련, 복잡한 프로그램 운영, 상품을 위한 투자에 쏟는데, 이 모든 일 후의 결과는 무엇인가? 씨 뿌리는 자의 비유가 우리에게 준엄한 답을 준다.

"그 속에 뿌리가 없어 잠간 견디다가…"(막 4:17).

우리는 때로 순진한 농부처럼 등을 뒤로 젖히고 어린이 성경암송 프로그램에서 돋아나는 어린 새싹들을 자랑스럽게 여길 것이다. 그러나 일시적인 발아가 그 목적인가? 수시간 혹은 수일 내에 시들어 죽어도, 씨앗이 잠시 싹을 틔우기만 하면 되는가? 돌밭에 씨를 뿌리는 농부처럼 우리가 우리 자신을 속이고 있는 것은 아닐까?

성인들과 설교

단기적 기억상실로 고생하는 학습자들이 교회에서 오직 어린이들뿐인가? 아니다. 사실 대개 어린이들은 나이가 든 학습자들보다 더 잘 한다.

우리는 장년 교인들을 대상으로 최근 설교에서 그들이 무엇을 기억하는지를 조사했다. 우리는 수요일에 다른 교회에 출석하는 장년들에게 바로 전 주 주일 설교에 대해 무엇을 기억하는지 물었다. 어떤 이들은 대강의 주제를 기억했다. 소수의 사람들이 한두 요지를 기억했다. 그러나 압도적인 다수는 한 가지도 기억하지 못했다. 그들의 기억 속에는 바로 며칠 전에 설교자가 말한 것이 하나도 들어있지 않았다.

우리가 지루한 설교자들의 설교를 들은 사람들만 조사했다고 넘겨짚지 말라. 이 성인들은 단순히 매우 정상적인 기억상실을 경험한 것뿐이다. 조사에 의하면, 구두 메시지의 40퍼센트가 단지 2분 후에 기억을 상실된다. 반나절 후에 그 메시지의 69퍼센트가 상실된다. 한 주 후에는 그것의 90퍼센트가 기억에서 영원히 사라진다.

오늘날의 설교자들은 자신들을 어떻게 인식하는가? 그들의 메시지가 남아 있다는 것을 그들은 어떻게 아는가? 그들은 한 주 후에 청중이 설교를 얼마나 기억하는지를 한 번이라도 검사하는가? 사람들이 설교를 얼마나 간직하는가에 대해 씨 뿌리는 자의 비유가 말하는 바를 그들은 믿는가? 그들이 메시지를 사람들의 단기적 기억에서 장기적 기억으로 옮기는 법을 안다면, 그들의 설교가 달라질 것인가?

> "사람들이 배울 수 있는 것보다 더 빠르게 가르치는 자에게 화 있을진저."
> - 월 두란트(Will Durant)

학교와 단기적 기억

단기적 기억 문제로 고통하는 기관이 오직 교회뿐인가? 아니다. 공립학교들은 일시적인 정보 축적을 중심으로 그 전체 구조가 짜여져 있다. 학교는 학생들에게 역대 대통령의 이름과 시도(市都)들과 원소주기표와 역사적 사건들의 연대를 외우게 하는 데 수천 시간을 사용한다. 당신은 대부분의 학생들이 장기적 기억 저장소에 기억들을 깊이 뿌리를 내린다고 생각하는가? 그 모든 노력의 실제 결과는 무엇인가?

당신 자신을 테스트해 보라.

- 당신은 모든 대통령들의 이름을 말할 수 있는가?
- 당신은 모든 시·도청 소재지를 말할 수 있는가?
- 당신은 원소주기표의 모든 원소를 아는가?
- 당신은 미주리 협상이 언제 체결되었는지를 기억하는가?

어떤가? 지식 중 일부는 그것들을 배울 당시 돌밭에 떨어지지 않았는가? 뿌리가 없기 때문에 오래 가지 않았다.

학습 과정을 수행하는 더 나은 방법이 있어야 한다. 학교나 교회는 더 이상 그토록 많은 씨앗을 돌밭에 헛되이 뿌리지 말아야 한다.

> "나는 결코 학교 교육이 내 교육에 간섭하지 못하게 한다."
> - 마크 트웨인(Mark Twain)

뇌는 어떻게 일하는가?

우리는 학습과 지식의 보유를 이해하기 위해, 먼저 인간의 두뇌에 대한 기본적인 것을 이해할 필요가 있다. 이 회색 덩어리는 확실히 하나님의 놀라운 창조 중에서도 가장 놀라운 부분에 속한다. 두뇌의 설계와 기능과 능력과 복잡성은 지상의 어느 것과도 비교할 수 없다. 단지 최근에야 생물학자들과 신경과학자들은 정보와 사상과 느낌과 믿음의 기적적인 처리 장치가 어떻게 작용하는지를 일부 이해하기 시작했다.

뇌가 정보를 보유하게 되는 방식은 그 자체가 매우 복잡한 절차이다. 뇌의 여러 다른 장소들에 있는 신경 조직망들은 단일한 기억 행위를 같이 취급한다. 그런데 학습 사건의 내용인 일어난 일은 그 사건의 의미 즉 그것을 느끼는 방식과는 서로 다른 곳에서 처리된다. 사물의 이름들은 다양한 장소에 저장될 수 있다. 말과 소리와 시각적 그림의 기록은 모두 다른 장소에 저장된다. 우리의 생각이 때로 뒤죽박죽 되는 것은 놀라운 일이 아니다.

뇌는 컴퓨터와 다르다. 그러나 컴퓨터의 일부 작동들은 두뇌가 작용하는 방식을 이해하는 데 도움이 된다. 대개의 컴퓨터와 같이 뇌는 두 가지 기억 유형을 가진다. 작동 기억과 장기적 기억이 그것이다. 컴퓨터로 말하면, 그것은 일시적 작업을 위한 램(RAM) 또는 임시 접근 기억 장치와 장기적 자료를 저장하기 위한 하드 드라이브(hard drive)이다.

과학자들은 인간의 두뇌는 모든 것을 영구적으로 저장하지 않는다는 사실을 발견하였다. 우리가 받는 정보의 대부분은 일시적으로 단기적 기억에 머물다가 증발해 버린다. 어떤 사람의 전화번호는 우리가 그 번호를 돌릴 수 있을 만큼은 오래 남아 있을 수 있으나 곧 사라지고 결코 장기적 기억으로 이동하지 못한다. 컴퓨터의 램처럼 우리는 영구적으로 저장되지 않는 정보로 잠시 일할 수 있다.

뇌의 장기적 기억으로 이동하는 정보는 뇌의 외피, 즉 우리의 하드 드라이버인 대뇌 피질에 천억 개의 신경세포로 된 복잡한 조직망 안에 자리잡는다. 그러나 여기에서도 사용되지 않는 정보는 사라져간다. "사용하지 않으면 잃어버린다"는 두뇌 과학에서 의미 있는 말이다.

장기간 뇌에 저장하도록 결정하는 것은 무엇인가? 뇌의 중심에 해마상(狀) 융기라고 부르는 작은 부분이 있다. 그것은 문지기와 같이 역할을 하여, 단기간 저장할 정보와 장기간 기억할 정보를 성공적으로 서로 분류한다.

「뇌의 내부」(Inside the Brain)를 저술한 로날드 코툴락(Ronald Kotulak)은 이렇게 말한다. "해마상 융기는 기억의 대(大) 중앙 정류장이다. 그것은 정류장에 도착하는 생각의 기차들 중에서 전화번호, 파티에 온 손님들의 이름과 같이 쉽게 잊어버리는 것들은 재빨리 단기 컴퓨터 실행으로 보낸다. 자신의 집 주소나 배우자의 이름, 열역학 제2법칙과 같이 중요한 것들은 영구적인 종착지로 보낸다."[1]

그러나 해마상 융기는 그런 것을 어떻게 구분하도록 결정하는가? 이 질문에 새로운 연구에 더욱 활기를 불어넣는다. 만약 우리가 뇌에 대해 조금이라도 이해할 수 있다면, 사람들이 성경의 진리를 장기간 기억하도록 보다 효과적으로 도울 수 있을 것이다.

그럼 어떻게 기억을 영구적으로 기억할 수 있는가? 「21세기를 위한 가속학습」의 저자들인 콜린 로즈와 말콤 니콜은 이렇게 말한다. "그것은 대체로 정보가 처음에 얼마나 강하게 등록되는지에 달려 있다. 듣기, 보기, 말하기, 행하기를 다 포함하고, 또 긍정적인 내용이나 강점을 가진 방법을 이용해 협동하여 배우는 게 학습자들에게 매우 중요함을 말해준다. 그것들은 모두 강한 기억들을 만들어 내는 요소들이다."[2]

과학자들은 감정 역시 정보를 장기적 기억으로 밀어 넣는 주요 요소들 중 하나라고 믿는다. 우리는 다음 장에서 감정이 학습에 미치는 영향을 보다 깊이 탐구할 것이다.

연상의 힘

뇌의 해마상 융기는 연상을 하는 데 노력한다. 새로운 정보를 만날 때, 즉시 스스로에게 묻는다. "이것은 내가 전에 알고 있는 무엇과 어떻게 같은가?" 그 연결을 성공적으로 찾을 때, 새 정보를 획득하고 저장한다. 두뇌를 도서관으로 상상해 보자. 독자들이 원하는 책을 쉽게 찾을 수 있도록 도서관에는 유사한 책들이 같이 꽂혀 있다. 만약 책들이 아무렇게나 여기저기 꽂혀 있다면 얼마나 고생하겠는가? 책을 주제와 저자별로 분류하는 것은 책을 쉽고 빠르게 찾게 한다. 사람의 두뇌도 비슷하게 작용한다.

"두뇌의 참조표시 역할은 최고의 사서(司書)도 부끄럽게 한다."
- 샤론 베글리(Sharon Begley)

우리는 세계의 많은 나라를 여행한다. 그 중에는 외지고 기이한 곳들도 있다. 몇 해 전에 우리는 뉴기니의 서쪽 반을 차지하고 있는 인도네시아의 아이리안 자야(Irian Jaya)를 방문했다. 거기서 우리는 아들 매트와 함께 소달구지를 타고 고지대로 올라가 석기시대를 이제 막 벗어나고 있는 원시 부족인 대니(Dani)족을 방문했다. 여자들은 조잡하게 짜인 치마만 입었고, 남자들은 마른 조롱박으로 중요한 부분만 가렸다.

우리는 이 사람들과 그들의 생활양식에 놀라움을 금치 못했다. 또한 그들에게 있어 삶은 어떤 것일까 우리는 이해하려고 애썼다. 매트는 그 남자들이 조롱박만으로만 가려도 창피해 하지 않는지 물었다. 우리의 안내인이자 통역자인 쿠스(Koos)가 설명했다. "저는 그들이 매우 창피해 하는 것을 보았어요. 바로 조롱박을 잃어버렸을 때이지요. 그들은 발가벗은 것을 느끼는 거지요." 그때 우리는 대니족의 조롱박과 관련하여 무언가를 연상했다. 우리는 사람들 앞에서 옷을 입지 않고 있을 때 느끼는 창피를 알고 있었다. 대니족에 대한 새로운 정보는 우리가 이미 알고 있던 다른 정보와 연결되어 그들의 복장을 이해하는 것을 도왔다.

우리는 그 조롱박을 결코 잊지 못한다. 그것은 우리의 장기 기억 저장소의 바지 파일 바로 옆에 저장되어 있다.

예수님은 그분의 가르침에서 자주 연상의 힘을 사용하셨다. 그분은 뇌의 작용 방식을 알고 있었다. 몇 가지 보기들을 보라.

- "너희는 세상의 소금이니…"(마 5:13).
- "너희는 세상의 빛이라…"(마 5:14).
- "네 보물 있는 그 곳에는 네 마음도 있느니라"(마 6:21).
- "눈은 몸의 등불이니"(마 6:22).
- "한 사람이 두 주인을 섬기지 못할 것이니…"(마 6:24).
- "그 실과로 나무를 아느니라"(마 12:33).
- "…검을 가지는 자는 다 검으로 망하느니라"(마 26:52).

예수님은 사람들이 이미 알고 있는 것을 적용해 가르치면 더 잘 이해하고 더 오래 간직할 것을 아셨다. 그분은 흔히 알고 있는 것들을 그의 새로운 개념들과 연결 지으셨다. 그래서 예수님은 종종 사람들의 이해와 기억을 돕는 고기, 배, 그물, 양, 동전과 같은 시각적인 보조물을 사용하셨다.

당신도 오늘날 동일하게 할 수 있다. 어떤 연령의 학습자들이든지, 학습자들이 삶의 다른 부분과 연결지을 수 있는 사물을 사용하여 보다 장기적인 학습을 진작시킬 수 있다. 예를 들면, 고무줄을 사용하여 '진리를 왜곡하는 일'(stretching the truth)에 대한 토론을 할 수 있다. 학습자들에게 둘씩 짝을 짓게 하고, 짝끼리 한쪽씩 고무줄을 잡게 하라. 그 다음 서로 교대로 '약간의 선의의 거짓말'을 하게 하고, 거짓말을 할 때마다 그들 사이에 고무줄을 점점 팽팽하게 당기게 한다(stretch the rubber-band). 그들은 고무줄을 너무 당겼을 때 무슨 일이 일어날지를 경험할 것이다. 이 학습은 사람들이 이미 고무줄에 대해 알고 있는 지식에서 시작한다. 그 다음에 이어지는 토론 내용들은 고무줄에 대한 지식을 거짓말의 파괴성에 대한 새로운 통찰과 연결지어 줄 것이다.

우리는 학습 후에 언제나 학생들에게 이미 알고 있는 지식과 그 날 새로 배운 학습을 연결짓도록 해석적 질문을 던진다. 예를 들어, 고무줄 활동이 끝난 후에 우리는 이렇게 묻는다. "이 고무줄을 팽팽하게 당기는 경험이 거짓말을 연이어 하는 것과 어떻게 같은가 또는 어떻게 다른가?" 이것은 사람들이 연상의 힘을 사용하여 배우고 기억하는 것을 돕는다.

사물들은 정보를 서로 연결지어 줄 뿐 아니라 새로 배운 것을 계속하여 상기시키는 역할도 한다. 학습자들이 앞으로 고무줄을 사용할 때마다, 그들의 기억은 '진리를 왜곡시키는 일'을 떠올릴 것이다. '거짓말을 하지 말라'에 대한 당신의 가르침은 시간이 지난 후에도 자동적으로 복습된다.

연상을 통한 학습은 효과적이다. 우리는 성경을 쉽게 이해하도록 비디오를 제작했다. 비디오에는 아비가일(Abigail)이란 한 어린 소녀와 면담한 내용이 들어 있다. 아비가일이 다니는 주일학교는 다양한 물건 사용과 놀이 활동을 통한 연상력을 이용하는 「예수 마당 성경공부」 교재를 사용하고 있다. 우리는 그 아이에게 그 전 주에 배운 공과를 기억할 수 있는지 물었다. 그 아이는 즉시로 그 공과의 성경적 요지를 말했다. 우리는 그 아이에게 수 주 전의 공과에 대해서 물었다. 그녀는 그것도 역시 알고 있었다. 마침내 우리가 한 달 전의 공과를 물었을 때, 그 아이는 우물쭈물 했다. 그때 우리는 "그때 수업에 사용했던 물건 생각나니?"라고 물었다. 아이는 기억했고, 그때 사용했던 그 물건을 성경의 요지와 연결지었다.[3]

사람들이 이미 알고 있는 것에서 가르침을 시작할 때, 뇌는 정보를 장기적 기억으로 이동시킨다.

은유와 주제

연상을 통해 장기적 기억을 구축하는 것은 어떤 정해진 학습 시간 전체를 통해 계속하여 행해질 수 있다. 이것은 특별한 한 은유나 주제에 초점을 맞추고 그것을 발전시켜 나감으로써 성취된다. 여름성경학교를 생각해 보라. 이 학습 경험은 대개 보물찾기나 사파리와 같은 하나의 핵심 주제나 상황을 중심으로 전개된다. 우리가 구상한 여름성경학교 교재들은 모든 오락과 음악, 공작 활동, 기도, 심지어 모든 간식을 포함하여 어린이들이 행하는 모든 것과 주제를 결부시킨다. 이 연결성은 흥미와 관심을 끌 뿐 아니라, 학습한 것을 단단히 굳히는 데도 유익하다.

주제에 따른 상황 설정은 모든 연령의 학습자들에게 효과가 있다. 테마별로 나눈 유원지들이 어떻게 이 접근법을 사용하여 모든 사람을 위해 잊지 못할 경험을 창조하는지 주목해 보자. 수백 가지의 세세한 것들인 건축, 표지판, 직물, 소리, 음악, 냄새, 맛 등 모든 것이 전체 주제와 연결된다. 사람들은 연결짓고 그것들을 기억한다.

이 방법을 정기적으로 사용하면 학습에 효과적인 결과를 얻을 수 있다. 예를 들어, 법정 사례를 사용하여 기독교 변증학을 공부하는 시간을 이끌어 갈 수 있다. 방을 법정처럼 꾸미고 한 학생을 판사로 분장시킨다. 그리고 의사봉을 사용하고 배심원들을 임명한다. 또한 증거를 소개한다. 배심원들로 하여금 판결을 내리게 한다.

〈교육적 발견들〉(Educational Discoveries)에서 그 단체 사역자들은 강습회에 은유와 주제를 사용한다. 그들은 사업하는 사람들에게 회계와 같은 주제를 가르치기 위해 단체 훈련실을 야구장이나 음료수대로 바꾼다. 모든 학생들은 그것을 정말 좋아한다. 그들은 그런 주제들이 세 가지 동시적이며 강력한 도구를 제공한다고 말한다.[4]

- 학습 상황을 설정하고 유지하는 능력
- 학습 개념을 단순화하고 극적으로 표현하는 능력
- 내용과의 감정적인 연결을 통해 학습을 심화시키는 능력

당신의 다음주 공과와 강습회, 수련회, 설교 등에 은유와 주제를 사용해 보라. 당신이 사용하는 낱말과 표상과 환경을 주제로 연결하여 메시지를 확대시켜 보라. 당신의 학습이 뿌리를 내리는 것을 보게 될 것이다.

이야기를 하라

은유는 학습자들이 한 가지를 다른 것에 비추어 이해하도록 돕는다. 예수님은 은유를 사용하여 광범위하게 가르치셨다. 그리고 그분은 종종 은유에서 한 걸음 더 나아가 이야기로 만드셨다. 이른바 비유(parable)가 그것이다.

씨 뿌리는 자의 비유는 고전적인 보기이다. 여기서 예수님은 사람들이 이미 알고 있는 농사짓기를 하나님의 말씀을 배우고 적용하는 것에 대한 새로운 교훈과 연결지으셨다. 예수님은 실로 위대한 이야기꾼이셨다.

오늘날 위대한 이야기꾼들은 누구인가? 그 중 몇몇 가장 노련한 이들은 영화제작자들이다. 그들은 우리의 흥미를 일으키고, 사람들을 끌어당기고, 정보를 전달하고, 그 정보를 장기적 기억으로 이동시키는 법을 안다. 그들은 어떻게 그렇게 하는가? 캘리포니아의 한 목회자 르네 샬래퍼(Ren Schlaepfer)는 〈생동적인 사역 잡지〉(Vital Ministry Magazine)에서 영화제작자들이 이야기를 전개하는 몇몇 비결들을 소개했다.[5]

당신은 이 비결들을 사용하여 효과적인 학습 효과를 얻을 것이다.

- **단순성** - 복잡하게 하지 말라. 당신의 이야기를 한 문장으로 설명할 수 있어야 한다. 영화 〈조스〉(Jaws)에서 그것은 "거대한 상어가 사람들을 먹는

다"였다. 〈타이타닉 호〉(Titanic)에서 그것은 "큰 배가 가라앉는다"이다.
- 긴장 - 이야기가 다 끝날 때까지 사람들을 흥미진진하게 하는 것은 끝에 가서 무슨 일이 일어날 것인가에 대한 궁금증이다.
- 공감 - 사람들의 감정과 통하게 되면 그들을 이야기 속에 가두어 둘 수 있다. 막힘 없는 이야기. 이야기의 각 요소는 그 다음의 이야기로 자연스럽게 이어져야 한다. 이것을 위해서는 종종 불필요한 부분을 잘라내야 한다.
- 뜻밖의 시작과 돌연한 중단 - 훌륭한 영화들은 관객이 어떤 상황이 일어날지를 알기 전에 관객을 행동 속으로 몰고 간다. 그것은 바로 주먹 한방으로 끝난다.

이제 이런 이야기술(術)의 비결을 예수님의 이야기들 중 하나에 적용해 보자. 돌아온 탕자(눅 15:11-32)를 예로 들어보자. 이 이야기는 그야말로 단순하면서, 긴장감 넘치고, 감동적이며, 막힘 없고, 뜻밖의 일로 시작되어 돌연히 중단한다. 예수님은 이야기를 장기적 기억으로 이동시키는 비결을 알고 계셨다.

당신이 학생들을 가르칠 때 단순히 정보만 제공하지 말라. 이야기를 하라. 그런데 언제나 그 이야기를 설명하려고 애쓰지 말라. 학습자들이 그들 나름대로 그 이야기와 씨름하게 하라. 성령께서 그들 속에 역사하시게 하라. 예수님은 종종 이야기만 하시고 설명을 삼가셨다.

반복적인 강화

농부 버드 씨는 씨앗이 싹을 틔우고 열매를 맺기까지 무엇이 필요한지를 안다. 그는 말한다. "그 싹은 적당한 양의 물을 주면서 계속해서 수분을 공급해야 한다. 물을 한 번만 주고서 살아 남기를 기대할 수는 없다." 비결은 성장 주기 전체에 걸쳐 반복하여 적당한 수분을 공급하는 것이다. 이 동일한 원리가 학습에도 적용된다.

만약 학습자가 배운 것을 기억하기를 원한다면, 우리는 물을 지속적으로 줄 필요가 있다. 우리는 그 학습을 여러 차례 강화할 필요가 있다. 이 장의 초두에서 언급된 그 소년의 학습에 있어 한 가지 문제는 강화의 부족이었다. 그는 성경 구절을 한 번 공부하여 시험을 보았고, 다음 구절로 넘어갔다. 그가 각 구절을 한 번씩만 방문하고 다시 돌아가지 않았기 때문에, 그의 기억에서 증발되었다. 그것은 단기적 기억에서 장기적 기억으로 도약하지 못했다.

조사에 의하면 기억은 '주기적인 강화'(interval reinforcement)에 의해 극적으로 증가된다. 그것은 일정한 기간 동안 되풀이하면서 복습하는 것이다. 만약 뇌가 정보를 한 번만 기록한다면, 한 달 후 그 정보의 10퍼센트도 채 기억되지 않는다. 그러나 한 달 동안 정보에 여섯 번 노출된다면, 메시지의 90퍼센트가 남는다.[6]

그것은 농작물에 물을 주는 이치와 같다. 성장기간 전체에 걸쳐 자주, 정기적으로 비가 내리거나 또는 관개 용수를 공급할 때 건강한 작물을 수확한다.

존스 홉킨스 의과대학의 기억장애상담소 소장인 배리 고든(Dr. Barry Gordon)은 "우리가 기억으로 생각하는 것은 궁극적으로 신경세포들 사이의 연결 양식들이다"고 말했다. 〈뉴스위크〉 잡지의 한 커버스토리는 더 나아가 이렇게 설명했다. "새로 입력된 기억은 대뇌피질 전체에 퍼져 있는 수천 개의 신경세포들과 관련될 수 있다. 만약 그것을 사용하지 않으면, 곧 사라지게 된다. 그러나 되풀이하여 작동시키면, 그 연결 양식은 점점 더 깊이 우리 신경조직에 박힌다."[7]

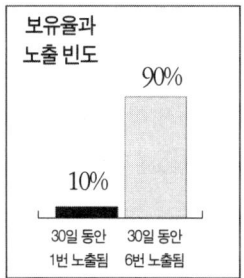

우리는 그냥 봐도 반복적인 강화의 원리가 옳다는 것을 안다. 만약 우리가 어떤 노래를 한 번만 들으면 그것을 기억하지 못할 것이다. 그러나 그 노래를 여러 번 듣는다면 우리의 기억 속에 영원히 남을 수 있다. 비슷한 예로, 만약 우리가 누군가를 단 한 번 만난다면 그 사람의 이름을 곧 잊어버릴 수 있다. 그러나 우리가 그 사람과 여러 차례 친분을 나눈다면 우리는 그 사람과 그의 이름을 기억하기 쉽다.

그런데 왜 이렇게 간단한 원리가 교회에서 자주 무시되는가? 문제는 역시 가르침과 배움 사이의 차이에서 오는 오해 때문이다. 교사와 리더들은 좋은 정보를 나누려는 강한 욕구가 있다. 나눠야 할 정보는 너무나 많은데 전에 다룬 정보를 다시 다룬다는 생각은 시간 낭비처럼 보인다. "많이 가르쳐야 한다"가 "학생들이 얼마나 이해하느냐?"를 덮어 버린다.

이제 모든 것을 멈추고 씨 뿌리는 자를 생각할 때이다. 버드 씨는 한 평당 다른 사람보다 더 많은 씨를 뿌린다고 해서 많은 양을 수확한다고 생각하지 않았다. 사실, 그는 한 밭에 너무 많은 씨를 뿌리는 것은 과잉과 질식으로 불행한 추수를 초래한다는 것을 안다. 그는 밭이 수용할 수 있는 만큼의 씨만 뿌린다.

예수님은 하나님의 말씀을 가르치는 것에 씨 뿌리는 자의 이 원리를 아셨다. 그분은 사역의 어느 시점에서 "내가 아직도 너희에게 이를 것이 많으나 지금은 너희가 감당치 못하리라"고 말씀하셨다(요 16:12). 사람들이 수용할 수 있는 그 이상의 정보를 퍼부어서 얻는 것은 아무 것도 없다.

우리의 목적은 얼마나 많이 다루는가에 있지 않다. 우리의 시간은 적은 양의 자료를 장기적 기억으로 이동시킬 때 보다 효과적이다. 다시 말해, 교사들과 리더들은 더 많은 양의 씨앗을 뿌리는 데 애쓰는 것보다 알맞은 양의 물을 자주 주는 데 애쓰는 일이 더 효과적이라는 것이다. 그것이 반복적인 강화이다.

당신이 새로운 방법들을 도입하여 반복적인 강화를 행할 수 있도록 돕는 여기에 몇몇 제안들이 있다.

- 학습 시간 중에 주된 요지들을 자주 되풀이한다
- 다양한 학습 유형과 지능에 맞는 다양한 방법들을 사용하여 그 요지를 여러 차례 언급한다.
- 수업이 끝날 무렵 핵심 요지를 강화한다.
- 다음 공과를 시작하기 전에 앞서 배운 주된 요지들을 복습한다.
- 한 달에 한 번은 그 달에 배운 모든 핵심 요지들을 복습한다.
- 한 달에 한 번은 전체 수업 시간을 핵심 요지들을 강화하는 데 사용한다.
- 6개월에 한 번씩 시간을 정하여 이전 6개월 동안 배운 모든 핵심 요지들을 복습한다.
- 매주 새로운 개념이나 구절이나 이야기와 씨름하기 보다, 몇몇 핵심 개념들을 택하여 1년 동안 그것들을 강조한다.
- 교회에서 배운 공과를 가정에서 그 주에 복습하고 강화하도록 최고급 자료를 학생들의 가정에 공급한다.(이것은 6장에서 더 다룰 것이다.)

이런 방법들을 통해 각 공과마다 핵심 질문들을 사용하여서 성경의 요지를 강화한다. 학습자 모두는 각기 연령에 맞는 방식으로 동일한 성경을 공부하고 있다. 가정에서 사용하도록 만든 특별한 교재는 가족들이 그 주에 배운 것을 경건의 시간이나 재미있는 놀이를 통해서 강화하게 한다. 주일학교 어린이 교재는 동일한 성경 내용을 음악과 예배 속에 엮어 넣는다. 목회를 위한 자료는 공과의 요지를 가족 예배 시간과 병합하는 아이디어들을 제공한다. 그리고 믿음 짜기 주중 자료들은 교제와 봉사 활동을 통해 그 요지를 강화한다. 모든 연령의 학습자들이 성경 요지들을 내면화하고 기억하고 적용한다. 이는 반복적인 강화를 통해 성경 요지들이 장기적 기억 속에 깊숙이 박혔기 때문이다.

"어린이들은 언제나 가장 끈기 있는 길을 택한다."
-마셀린 콕스(Marcelene Cox)

첫 인상, 끝 인상

잠시 로즈와 니콜의 「21세기를 위한 가속 학습」에 나오는 간단한 실험을 해 보자.[8]

아래 낱말들의 목록을 보라. 편안한 자세로 천천히 단 한 번만 읽어라.

잔디	진리	파란
종이	탁자	양
고양이	포크	의미
칼	줄루족(族)	들판
사랑	라디오	연필
새	지혜	시내
나무	꽃	펜

이제 그 목록을 덮고 아래 빈칸에 순서에 상관없이 기억나는 낱말들을 기록하라.

_____ _____ _____
_____ _____ _____
_____ _____ _____
_____ _____ _____
_____ _____ _____

당신이 얼마나 많은 낱말을 기억했는지는 중요하지 않다. 기록한 것과 원래 목록을 비교해 보라. 어떤 점이 눈에 특별하게 띄는가? 아마 당신이 기록한 목록은 다음을 반영하고 있을 것이다.

아마도 처음에 나오는 낱말들을 먼저 기억했을 것이다. 당신의 목록에 잔디나 종이가 들어 있는가? 사람들은 학습 시간의 앞 부분을 더 많이 기억하는 경향이 있다.

또한 마지막 낱말들을 기억했을 것이다. 아마도 목록에 펜이나 시내가 들어 있지 않은가? 사람들은 또 학습 시간의 끝 부분의 내용을 더 많이 기억하는 경향이 있다.

이것은 무엇을 말해주는가? 학습 시간의 시작과 끝 부분에서 기억이 높다는 것이다. 첫 인상은 강렬하다. 그리고 끝 인상 역시 강렬하다. 우리는 이 현상을 이용해서 학습 시간 안에 많은 시작과 끝을 넣을 수 있다. 그 방법은 학습을 보다 짧은 구획들로 나누고 많은 휴식 시간을 두는 것이다.

어린이나 어른들이 집중하는 시간은 짧다. 몇 분 후에는 어른들조차 주의가 산만해질 것이다. 성인들은 좀더 세련되게 산만함을 위장할 뿐이다. 우리는 몇 분씩마다 짧은 휴식과 방향 전환을 넣음으로써 학습효과를 높일 수 있을 것이다. 다음은 학습을 보다 짧은 구획으로 나눌 때 사용하는 몇 가지 방법들이다.

- 다같이 일어서서 크게 세 번 심호흡을 한다.
- 사탕이나 또는 먹기 간편한 간식을 나누어준다.
- 손을 쭉 뻗고 기지개를 편다.
- 찬물을 준다.
- 쉽고 재미있는 노래를 부른다.
- 가벼운 공을 서로 던지고 받는다.

- 일렬로 서서 앞사람의 등을 두드린다.
- 간단한 게임을 한다.
- 새로운 친구와 악수한다.
- 교수 기법을 바꾼다. 짝 나눔, 비디오 시청, 활동 경험 등을 예로 들 수 있다.

여기서 중요한 것은 맹렬한 두뇌 활동을 잠시 멈추고 휴식을 취하는 것이다. 학습이 보다 짧은 구획으로 나누어 진행될 때, 학습자들은 더 많이 배우고 더 오래 간직한다. 이런 휴식들을 시간 낭비로 여기지 말라. 적절한 휴식 시간은 학습을 증대시킨다. 우리가 구하는 것은 최대한의 가르침이 아니라 최대한의 배움인 것을 잊지 말아야 한다.

음악과 기억

적절한 음악 역시 학습과 보유를 증대시킨다. 캘리포니아 대학의 프란시스 라우셔(Francis Rauscher)는 모차르트 소나타 K448을 열흘 동안 들은 대학생들은 공간적 지능 점수를 높게 받았다.

라우셔는 또 2-3세 어린이들이 음악에서 유익을 얻는 것을 발견했다. 음악 교습을 받는 유아원 어린이들이 그렇지 않은 어린이들보다 추리능력 시험에서 훨씬 우수한 결과를 보였다.[9]

적절한 배경 음악은 학습을 높힐 수 있다. 불가리아의 교육 심리학자 게오르기 로자노프(Georgi Lozanov) 박사는 바로크 음악을 듣는 것이 정보를 흡수하고 보유하는 데 강력한 영향을 미친다는 것을 발견했다. 그리고 메시지를 노래 가사로 만드는 것이 보유를 크게 향상시킨다. 심지어 중세시대 수도사들은 성경의 긴 구절을 외해 음악을 사용했다.[10]

음악은 기억하는 것을 돕는다. 만약 의심이 간다면 최근 몇 년 동안 당신이 들은 설교들의 내용을 기억해 보라. 그 다음 최근 몇 년 동안 교회에서 부른 복음송이나 찬송가의 가사나 곡조를 기억해 보라. 당신의 음악적 기억이 더 좋지 않은가?

학습 상황에 음악이 주는 혜택을 자주 사용할 수 있다. 학생들이 어떤 작업을 하거나 휴식 시간에, 분위기를 잡기 위해, 학습자들이 도착하거나 떠날 때 적절한 배경 음악을 틀어 주라. 또 성경 요지를 가르치거나 강조할 때 음악을 사용하라. 성경암송이 자연스럽고 즐거운 일이 되기 위해 음악을 사용하라.

이 장의 초두에 언급한 그 소년이 성경 구절들을 음악에 맞추어 배웠더라면, 그는 확실히 훨씬 더 많은 것을 기억했을 것이다. 하나님은 우리를 멋진 방법들로 창조하셨다. 우리가 단순히 그분의 위대한 설계에 맞추어 우리의 학습을 설계한다면, 우리가 뿌리는 씨앗들은 자라고 열매 맺을 것이다.

"글은 지성에 주어지는 반면에, 음악은 마음에 호소한다.
그것은 향수와 같이 직접 말한다."

- 호노르 드 발자크(Honore de Blazac)

| 제 5 장 | **감정 : 학습과 보유의 접착제**

> 감정의 관련은 학습을
> 장기적 기억 속으로 깊이 뿌리내리게 한다.
> 하나님은 우리를 감정을 가진 존재로 지으셨다.
> 예수님의 가르침은 강한 감정들을 유발했다.

랄프 라이트(Ralph Wright) 씨는 어린이들을 사랑한다. 수년 동안 그는 워싱턴 주(州)의 자신의 주일학교에서 3세 반을 맡아 가르쳤다. 그는 유아원생들의 열심과 상상력을 좋아한다.

랄프 씨는 자신의 수업에서 상상력을 마음껏 활용한다. 어린이들을 성경 이야기 속으로 완전히 끌어들인다. 아이들은 단순히 이야기를 듣는 것이 아니라 이야기속으로 들어가 직접 경험하게 된다.

어느 주일 날 랄프 씨는 예수님이 성난 파도를 잔잔케 하신 이야기 속으로 그 아이들을 데려갔다. 그는 테이프로 마루에 배 모양을 표시했다. 그리고 배 둘레에 푸른색 천을 둘러 물을 표시했다.

랄프 씨는 한 명씩 한 명씩 진짜 배를 타는 것처럼 유아원생들을 배에 태웠다. 그 다음 그는 배의 앞자리에 있는 의자에 앉아 활동적이고 모험적인 방법으로 공과를 가르치기 시작했다. 그는 당시에 제자들이 그랬듯이 어린이들에게 폭풍에 이리저리 밀리는 것처럼 앞뒤로 몸을 기우뚱거리게 했다.

그때 뜻밖에 한 소년이 배에서 갑자기 떨어졌다! 나머지 모든 아이들이 소리쳤다. "쟤를 구해 주세요! 쟤는 수영을 못해요!"

랄프 씨는 영웅적으로 배에서 뛰어내려 그 아이를 구출했다. 배가 안전해졌을 때, 아이들은 소년이 배에서 떨어졌을 때 얼마나 놀랐는지를 이야기했다. 그들은 오래전 그 밤에 제자들이 어떻게 느꼈을지를 깨달았다. 랄프 씨는 예수님이 그들을 어떻게 구하셨는지를 이야기했다. 그리고 나서 모두 손을 잡고 기도하면서 예수님이 그들을 지켜주시는 것을 감사했다. 참으로 인상적인 수업이었다.

그러나 이야기는 거기서 끝나지 않는다. 며칠 후에 한 학부모가 교회에 전화를 걸어 랄프 씨가 부모의 허락도 없이 왜 아이들을 배타는 곳에 데려갔는지 항의를 했다. "그 중의 한 아이는 배에서 떨어지기도 했다는군요." 부모는 심각하게 말했다. 걱정에 찼던 그 어머니는 아이들이 교실을 떠난 적이 없다는 말을 들었을 때에야 비로소 안심했다.

그 어머니가 자녀에게 들은 것이 무엇이든 그 수업은 진짜 감정을 유발시키는 강력한 힘을 보여 준다. 아이들은 제자들의 경험과 유사한 배타기와 폭풍을 경험했다. 또 그 수업을 이해했고 오랫동안 기억할 것이다. "아이들은 요점을 파악했지요." 랄프 씨의 아내 샌디는 말했다. "색칠하기로는 결코 배타기 경험과 같이 그 이야기를 배우지 못했을 것입니다."

무엇이 그 수업을 그토록 강력하고 실제적이며 잊을 수 없는 것으로 만들었는가? 여기서 효력을 낸 요소는 감정이었다. 그 감정은 이야기 속으로 아이들을 끌어들이고, 상상력을 가동시켰다. 또한 예수님이 어떻게 구하시고 보호하시는지에 대한 호기심을 자극했고, 또 아이들은 자신의 장기적 기억 속에 그 수업을 단단히 굳힐 것이다.

그러나 감정을 통하여 이야기를 가르친 이는 랄프 씨가 처음이 아니다. 이야기의 대가이신 예수님은 똑같은 방법으로 제자들을 가르치셨다. 제자들의 주의를 사로잡은 것이 두려움의 감정이 아니었는가? 제자들이 예수님을 깨우고 "주여 구원하소서, 우리가 죽겠나이다!"라고 말한 것이 공포의 감정이 아니었는가? 그리고 제자들이 "이 어떠한 사람이기에 바람과 바다도 순종하는고?"라고 물은 것은 경이의 감정이 아니었는가?(마 8:25, 27).

제자들은 그날밤 강력한 교훈을 배웠다. 감정의 격렬성이 경험과 교훈의 의미를 장기적 기억 속에 정착시켰다. 학습의 뿌리가 그들의 생각과 영혼 속에 깊이 내렸다. 이 씨앗들은 돌밭에 떨어지지 않았다.

> "사람은 감정으로 넘친다.
> 그것을 사용하는 법을 아는 교사는 헌신된 학생들을 얻을 것이다."
> - 레온 레싱어(Leon Lessinger)

우리의 감정적인 마음

바로 앞장에서 뇌의 해마상 융기가 장기적 기억과 단기적 기억에 저장을 결정한다는 것을 살펴보았다. 해마상 융기는 어떤 정보를 이미 알고 있는 것과 연결시킬 수 있을 때 정보를 장기적 기억 쪽으로 보내는 경향이 있다. 그러나 연상이 유일한 여과기(filter)는 아니다. 과학자들은 감정을 또 다른 주요 여과기로 본다.

우리는 감정이 개입될 때 더 많이 기억하는 경향이 있다. 뇌는 평범한 것들보다 깜짝 놀라게 하는 것들을 오래 간직한다. 지난 여름 휴가를 되새겨 보라. 그때 일들 중 무엇을 기억하는가? 십중팔구 당신의 가장 강한 기억들은 강한 감정들과 연결되어 있다. 혹 멋진 장관을 보았을 때 가진 경외감이었을 수 있고, 새로운 모험을 시도한 데서 온 두려움의 감정이었을 수도 있다. 또는 가족들과 함께 보낸 친밀감이나, 차가 고장났을 때 느낀 좌절감일 수도 있다. 감정은 우리의 기억을 조종한다.

우리는 여행하면서 서로 다른 문화에서 자란 많은 사람들을 만났다. 그러나 지구상의 모든 사람들이 기본적으로 동일하다는 사실을 발견했다. 하나님은 사람들은 모두 비슷한 감정들을 가지도록 창조하셨다. 기쁨과 분노와 두려움과 슬픔의 기본 감정들은 어디서나 놀라울 만큼 동일하다. 우리는 북부 타일랜드의 산지 부족들, 아마존 유역의 원주민들, 북회귀선 위의 에스키모인들, 중동의 유목민들, 뉴기니의 원시 부족들에게서 똑같은 감정에 격한 반응이나 표정들을 보았다.

우리는 후에 캘리포니아 대학의 연구원 폴 엑만(Paul Ekman)이 세계인들의 핵심 감정들을 발견했다는 것을 들었다. 그는 뉴기니의 외딴 부족들을 대상으로 연구하였다. 이 부족은 문자를 아직 사용하지 않고 영화나 텔레비전에 의해 조금도 오염되지 않았다. 그러나 그들은 행복과 두려움과 분노와 슬픔에 대해 지구상의 다른 곳에 사는 사람들과 동일한 얼굴 표정들을 지었다. 그리고 다른 사람들의 표정 짓는 사진을 보여 주었을 때, 그 뉴기니 부족민들은 정확히 감정들을 분간해냈다.[1]

하나님은 우리 모두를 느낌과 감정을 가진 자들로 창조하셨다. 그리고 이 감정은 우리의 행동에 영향을 미친다. 과학자들은 뇌의 감정적 부분에서 지성적 부분으로 가는 신경 연결이 뇌의 지성적 부분에서 감정적 부분으로 가는 연결보다 더 많다고 본다. 우리의 감정이 종종 논리보다 더 강력하게 우리의 행동에 영향을 미치는 이유가 바로 이 때문이다. 그럼 교회의 재직들이 그토록 비논리적이며 감정적인 결정을 했는지 이해가 될 것이다.

두 마음

사람들은 종종 논리적으로 생각하면서 어떤 결정을 내려야 할 때에 '마음이 이끄는 대로' 결정한다고 말한다. 사람들은 냉정하고 엄연한 사실이 무엇을 말하는지 알면서도 종종 그들이 '옳다고 느끼는 것'을 행하기 쉽다. 이것은 개인뿐만 아니라, 사회 내의 대중에게도 해당된다. 종종 선거나 투표가 궁극적으로 논리가 아니라 감정에 의해 결정된다.

감정은 어떤 결정을 향해 치닫다가도 이성적인 사고에 의해 중단되고 진정된다. 때로 분노가 우리 속에 치밀어 오르면서 화나게 한 사람에게 복수할 말을 되풀이하며 연습한다. 그러나 그때 이성이 감정을 따라잡고 우리의 태도를 바꾸게 한다.

이것은 마치 우리가 두 마음을 가진 것과 같다. 이 분야에서 새로운 장을 연 책 「감정 지능」(Emotional Intelligence)의 저자 다니엘 골만(Daniel Goleman)은 이렇게 말한다.

> 우리는 매우 실제적인 의미에서 두 마음을 가지고 있다. 하나는 사고하는 마음이며 다른 하나는 느끼는 마음이다…. 이 두 마음 곧 감정의 마음과 이성의 마음은 대부분 매우 긴밀하게 조화하며 작용한다. 이 두 마음은 우리를 세상으로 인도하는 서로 다른 지식으로 조화를 이루며 엮어간다. 보통 감정의 마음과 이성의 마음 사이에는 균형이 있다. 감정은 자료를 공급하며 이성에게 작동하도록 통지하고, 이성은 감정이 입력한 것을 정제하고 때로 거부한다…. 그러나 열정이 생기면 그 균형이 기울어진다. 감정의 마음이 보다 우세해져 이성의 마음을 압도한다.[2]

느낌에 대한 불편함

우리는 여러 해 동안 학습 과정에 감정을 인정하고 적용하였다. 그래서 「예수마당 성경공부」를 비롯한 우리가 만든 교재들은 종종 감정을 유발하는 활동들을 포함한다. 그리고 활동 후 설문조사에는 대개 학습자의 반응이나 느낌에 대한 질문들이 들어 있다. 그러나 때로 우리를 비판하는 사람들은 "나는 그 느낌 운운하는 것을 좋아하지 않아요. 성경공부는 느낌에 근거해서는 안되지요"라고 말하기도 한다.

맞는 말이다. 성경공부는 느낌에 근거해서는 안 된다. 그러나 모든 학습 과정에서 느낌을 좋아하든 좋아하지 않든 느낌은 매우 중요한 역할을 한다.

따라서 우리가 감정을 인정하고 적용하는 것이 부인하려는 것보다 우리에게 더 유익하다.

> "우리는 감정이 교육 과정에 매우 중요하다는 것을 안다.
> 이는 그것이 주의를 끌게 하고 주의는 학습과 기억을 조종하기 때문이다.
> 감정을 삶의 중요한 활동에서 분리하는 것은 불가능하다.
> 그렇게 하려고 시도조차 하지 말라."
> - 로버트 실베스터(Robert Sylvester), 오레곤(Oregon) 대학 교수

감정은 학습과 보유의 접착제이다. 수년 전에 우리는 타호 호수에서 느긋하게 주말을 보낼 생각으로 여행을 떠났다. 당시에 2살이던 아들 매트를 콜로라도에서 부모님 댁에 맡겨 놓았다. 주일날 새벽 요란한 전화벨 소리에 우리 부부는 잠에서 깨었다. 어머니셨다. "매트가 어디가 심하게 잘못되어 우리는 지금 병원에 왔단다. 아이가 움직이지를 않는구나."

우리는 염려와 무력감으로 마음이 찢어졌다. 즉시 일어나 무릎을 꿇고 기도하기 시작했다. "하나님, 아이를 만져주시고 치료하여 주옵소서."

우리는 재빨리 옷을 갈아입고 호텔을 달려나와 콜로라도로 가는 비행기를 탔다. 우리가 집에 도착했을 무렵 감사하게도 매트는 무사했다. 의사들은 매트가 일종의 뇌염으로 인한 혼수 상태여서 움직일 수 없었던 것 같다고 하였다. 의사들은 그 흔한 감기를 그런 식으로 대처했다.

그때 우리가 경험했던 감정의 강도는 결코 잊지 못할 것이다. 그러나 우리가 기억하는 것은 감정만이 아니다. 그 날과 관련된 수백 가지 세세한 일들 역시 우리 마음에 깊이 박혀 있다. 우리가 머물었던 호텔방이 어떻게 생겼는지, 전화가 어디에 놓여 있었는지, 목욕탕이 어떤 구조였는지를 정확하게 묘사할 수 있다. 또한 우리는 어떻게 기도했는지 정확하게 말할 수 있다. 또 비행기 예약을 변경하기 위해 항공사 직원과 나눈 대화도 다 기억할 수 있다.

우리는 집에 도착하자마자 어리둥절해 하는 아들을 어떻게 끌어안았는지 설명할 수 있다. 우리는 그때 감정의 강력한 영향 때문에 그 모든 것을 기억한다.

감정은 학습과 보유의 접착제이다. 하나님이 우리를 그렇게 창조하셨다. 우리는 감정뿐만 아니라 감정을 둘러싼 정보까지 기억한다. 이 점에 대해 스스로를 시험해 보라. 당신은 첫 데이트 때 어디에 갔는지 기억하는가? 그 데이트 상대의 이름은 무엇인가? 그 장소는 어떻게 생겼는가? 우주선 챌린저(Challenger)호가 폭발한 뉴스를 들었을 때, 당신은 어디에 있었는가? 누구와 함께 있었는가? 사람들의 반응은 어떠했는가?

모든 감정들이 함께 모여 수많은 정보를 기억 저장소로 보낸다. 우리의 기억은 두려움과 기쁨, 분노, 혐오, 환희, 놀람, 슬픔, 사랑, 좌절, 염려, 경이 및 수십 가지 다른 감정들에 의해 봉인된다.

이런 감정들 중 일부는 우리가 원하든 원하지 않든 기독교 교육 환경에서도 일어난다. 우리가 학습자들이 감정을 경험하지 못하도록 막는다는 것은 불가능하다. 교사가 서서 강의를 하더라도 학생들의 일부는 감정을 경험할 것이다. 물론 그들의 감정이 학습을 고양시키지 않을 수도 있다.

우리는 모든 학습자들이 감정을 경험하며, 감정이 성경의 중요한 진리를 마음에 굳게 새기는 데 도움이 되는 것을 인정한다. 그래서 우리는 학습자들에게 특별한 감정의 반응을 유발시키는 학습 활동들을 계획한다. 2장에서 설명한 종이 인형 찢기 활동은 처음에는 공격적인 감정을 유발하다가 참여자들이 찢어진 인형을 다시 맞추려 할 때는 부드러운 감정을 유발하게 한다. 그 다음 서로의 느낌을 나누고, 그 감정들을 실제 삶의 상황과 연결짓는다. 많은 학습자들이 이 활동에서 강력한 반응을 경험한다. 그들은 그 활동으로 깨달은 성경의 진리들을 기억한다. 여러 해가 지난 후에도 사람들이 종종 우리에게 다가와 이 경험을 회상한다.

이런 일은 우리에게 언제나 일어난다. 이전 학생들이 종종 우리를 찾아와 말한다. "십 년 전에 우리와 했던 그 활동 생각나세요…." 그들은 깊은 감동을 경험했기 때문에 장기적으로 기억한다.

마찬가지로 랄프 씨의 어린 유아원생들도 수년 후에 찾아와 "선생님, 우리를 그 가짜 배에 태웠던 일과 그중 한 아이가 폭풍우 가운데 배에서 떨어졌던 일 생각나세요"라고 물을지 모른다. 예수님의 제자들 역시 수년 후에 주님이 파도를 잔잔케 하셨던 그 위급했던 밤을 그들끼리 회고했을 것이 분명하다.

"우리가 느끼지 못하는 것을 우리는 알 수 없다."
- 마리아 맨즈(Marya Mannes)

예수님과 감정

사람들이 믿음 가운데 자라기 위해, 인간의 감정을 학습 과정에 적용하는 일은 정당한가? 예수님의 사역은 어떤 단서들을 보여 주는가?

예수님은 그를 따르는 자들의 생각을 아셨다. 또한 그 생각들이 어떻게 작용하는지, 어떻게 감정에 의해 영향을 받는지를 아셨다. 그래서 예수님은 그 감정들을 그 분의 목적에 맞게 사용하셨다.

그 폭풍우 몰아치던 날 밤 호수에서 제자들의 두려움의 감정은 믿음에 대한 교훈을 공고하게 만들었다(마 8:23-27). 후에 예수님이 물위를 걸으심으로 제자들은 다시 두려움과 놀라움으로 잊지 못할 경험을 하였다. 그리고 베드로는 물위를 걸으려고 했을 때, 두려움과 믿음 사이의 긴장을 배웠다(마 14:25-32).

예수님의 사역 전체에 감정을 실은 학습 경험들은 풍부하다.

- 예수님이 돼지 떼를 몰사시키신 사실을 안 마을 사람들의 불안(마 8:28-38).
- 제자들이 안식일에 이삭을 잘랐을 때 바리새인들의 크게 놀람(마 12:1-8).
- 부자 청년의 슬픔(마 19:16-22).
- 한 여인이 값비싼 향유를 예수님께 부었을 때 제자들이 느낀 분노(마 26:6-13).
- 마르다의 격분(눅 10:38-42).
- 예수님이 제자들의 발을 씻기셨을 때 그들이 느낀 불편함(요 13:1-17).

이 모든 이야기들 안에 감정이 축축이 배어 있었다. 모든 사람들이 느낀 강렬한 감정의 경험들과 영적 메시지를 잊지 못할 것이다.

예수님은 가르침과 학습의 기회에서 감정이 생기는 것을 피하신 모습은 전혀 없다. 예수님은 종종 일부러 강한 감정들을 일으키셨다. 왜냐하면 감정이 학습에 미치는 영향을 알고 계셨기 때문이다. 예수님이 인간의 감정을 유익하게 사용하셨다면 우리도 그렇게 할 수 있을 것이다.

학습의 역효과를 내는 감정들

모든 감정의 반응은 그 날 학생들이 학습 내용을 다 배우게 하는 것은 아니다. 어떤 감정들은 교실 환경에서 역효과를 낼 수 있다. 만약 학습자들이 분노와 염려나 우울과 같이 해결되지 않은 감정들을 가지고 온다면, 수업에서 배우는 바를 흡수하기 쉽지 않다.

다니엘 골만(Daniel Goleman)은 말한다.

> 강한 부정적 감정들은 그와 관련된 문제들에 몰두하게 하고 다른 곳에 초점을 맞추려는 시도를 방해한다. 사실 감정이 선을 넘어 병적인 것으로 바뀌게 되면 감정들이 너무 깊이 침입하여서 다른 모든 생각들을 압도하고,

우선순위의 일들을 하지 못하도록 막는다. 이혼의 고통을 당하는 사람이나 그 자녀들 경우, 직장이나 학교의 비교적 사소한 일과에도 오래 집중하지 못한다.[3]

우리는 여기서 학생들의 감정적 마음에 조심스럽게 다가가야 한다는 것을 알 수 있다. 일부 감정들이 영적 진리를 공고히 하게 하지만, 일부 다른 감정들은 긍정적인 학습을 방해할 수 있다. 그리고 우리는 각 학습자의 감정적 상태를 예민하게 감지할 필요가 있다. 우리가 그들의 감정 상태를 맞추면 맞출수록 우리의 가르침은 보다 더 효과적일 것이다. 학습자들의 감정은 때로 우리 생각에 부적절한 것 같아도 그것은 매우 실제적이다. 그 감정들은 존재하며 싫든 좋든 간에 매우 강력하다.

감정이 각 사람 속에서 중대한 역할을 하기 때문에, 우리는 감정을 손상시키거나 부당하게 다루면 안 된다. 이 장의 초두에 실린 이야기에서 랄프 씨는 상황을 꾸며 진짜인 것처럼 만들어 유아원생들에게 제자들의 두려움을 경험하게 했다. 그것은 적절했다. 그러나 무기로 아이들을 위협하여 두려움을 주려고 했다면 그것은 부당한 것이다. 그 방법은 확실히 기억할 만한 두려움의 감정을 낳았을 것이나, 선을 넘어 불건전한 조작에 해당하기 때문이다.

징계와 감정

어린이 사역자들을 돕는 우리에게 가장 많이 요구되는 훈련 주제는 대개 교실에서의 징계이다. 우리는 종종 교사들이 이런 요구를 할 때, 그들이 염두에 두는 것은 정확히 무엇일까 궁금해한다. 궁극적으로 그들이 구하는 것은 무엇인가? 교실의 통제인가, 학생들의 학습의 최대를 위한 것인가?

감정이 학습과 밀접하게 연결된다면, 징계와 관련된 학생의 감정을 자세하게 조사해 볼 필요가 있다. 이것은 매우 중요하다. 이는 많은 교회들에서 가장 강렬하고 가장 기억에 남는 감정이 교사 위주의 징계 행위에서 발생하기 때문이다.

어린 지미(Jimmy)는 낱말 맞추기 문제와 그림 색칠하기와 융판 동화를 금방 잊어버릴 것이다. 왜냐하면 그것들은 거의 그의 감정을 자극하지 않고 대부분 그의 삶과 무관하기 때문이다. 이런 지루한 학습에 싫증이 난 지미가 다른 아이들에게 말을 걸기 시작하자 선생님은 지미에게 주목한다. 만약 선생님이 화를 내고 아이들 앞에서 창피를 주면, 지미의 감정은 빨갛게 달아오른다. 이 장면은 이제 그의 장기 기억 속에 영구히 저장된다. 교회와 주일학교 그리고 어쩌면 하나님과 성경까지 불쾌하고 부당하고 가혹한 것으로 기억할 것이다.

불행하게도 많은 교사들이 교실에서 가장 확실하게 감정을 적용하는 곳이 바로 징계와 관련해서이다. 여기서 교사들은 자신의 가장 강렬한 감정을 드러내고, 학생들은 치명적인 감정에 영향을 경험한다. 대부분의 이런 감정적인 에너지의 결과는 대개 부정적이다. 그것은 고분고분하지 않은 그 학생이나 남은 반 아이들 모두 또 교사 자신을 위해서도 결코 유익하지 않다.

일부 교회 교사들이 사용하는 징계 방식에서 은연중 드러나는 메시지를 생각해 보라. 지미는 그 교사가 그만하라고 한 지시에도 불구하고 계속하여 말한다. 그래서 그 교사는 다소 필사적인 목소리로, "지미야, 이제 그만해. 조용히 문제를 풀지 않으면, 너를 여자아이들과 함께 앉게 할거야!"라고 말한다. 지미의 스폰지 같은 감정적 마음이 이제 충분히 빨아들일 준비가 된다. 그가 여기서 무엇을 배우는가? 교회에 대해, 여자아이들에 대해…그렇다면 그 여자아이들은 교사의 메시지에서 무엇을 배우는가? 방안의 모든 사람에게 있어서 이 감정적 순간은 그 수업에서 가장 기억할 만한 사건이 될 것이다.

교사들은 온갖 종류의 징계 방법들을 고안한다. 감정을 깊이 자극하는 다른 징계 방법은 공적인 죄(public sin)의 점수를 기록하는 것이다. 에이미(Amy)는 자꾸 앞에 앉은 아이의 등을 찌른다. 그녀가 그렇게 할 때마다, 교사는 칠판에 적힌 에이미의 이름 옆에 표시를 하나씩 더한다. 곧 에이미의 죄의 점수는 그 반 역사상 신기록을 수립한다. 다른 아이들이 '우우' 소리를 내며 야유한다. 에이미는 주눅이 들어야 할지 아니면 신기록 수립을 자랑스럽게 여겨야 할지 판단이 서지 않는다. 에이미는 이 수업에서 무엇을 기억할 것인가? 다른 아이들은 무엇을 기억할 것인가? 그 재미없는 학습지가 에이미의 죄 기록보다 더 오래 기억될 소지가 있지 않은가?

그 다음에는 타임아웃(timeout) 의자가 있다. 이것은 현대판 열등생 자리다. 마이클(Michael)은 매주 이 의심스런 자리에 앉도록 선고를 받는다. 그는 주일학교말고 어디라도 가고 싶지만, 자신의 부모 때문에 하는 수 없이 다닌다. 그는 정말 굴욕에 대해 많이 배운다. 그는 후에 스스로 결정할 나이가 되기만 하면 결코 다시 교회에 오지 않으리라고 이미 결심했다.

징계 대안

간단히 말하면 징계는 종종 학생의 장기적 기억 속에서 상처로 곪는 부정적인 감정을 유발한다. 조디 케잎하트(Jody Capehart)와 고든 웨스트(Gordon West)와 베키 웨스트(Becki West)는 그들의 책 「어린이 사역을 위한 징계 가이드」(The Discipline Guide for Children's Ministry)에서 보다 나은 대안들을 논의한다.

> 가장 중요한 것은 어린이들이 수업을 어떻게 느끼며 무엇을 어떻게 배우는가에 영향을 미친다는 점이다. 사실, 주일학교 수업에 대한 어린이의 느낌은 성경 이야기에 대한 기억보다 훨씬 더 오래 갈 것이다. 주일학교 수업에서 우리는 어린이들이 무엇을 느끼는가를 알아야 할 필요가 있다. 가르치면서,

학생들의 반응을 주시하라. 수업 후에 스스로 이런 질문들을 던져 보라.

- 이 수업은 어린이들에게 유쾌한 경험이었는가 불쾌한 경험이었는가?
- 어린이들은 배우는 내용을 재미있어 했는가?
- 나는 어린이들 각각을 존중과 친절과 관심으로 대했는가?
- 어린이들이 수업과 실제 삶을 연관지을 수 있는가?
- 혹 내가(또는 다른 성인이나 학생이) 비난이나 굴욕이나 혹평으로 간주 될 수 있는 말을 하지는 않았는가?[4]

안타깝게도 징계 문제에 대한 조언을 구하는 많은 교사들이 그릇된 방향에서 방법을 구한다. 그들은 학생이나 부모나 대중 매체나 사회 일반에 책임을 돌리는 경향이 있다. 그러나 기독교 교육에서 학생들의 징계 문제들은 불량한 행동의 주요 원인이 되지 않는다. 주된 범인은 교과 과정이다. 교과 과정이 학생들을 사로잡지 못한다면, 그들의 활동적인 마음은 자극을 찾아 다른 곳을 살필 것이다. 그리고 그것은 종종 불온한 행동으로 이어진다.

「징계를 넘어」(Beyond Discipline)의 저자 알피 콘(Alfie Kohn)은 "우리가 정직해 보자"라고 말한다. "학생들은 자주 과제들을 할 가치가 없다고 생각한다. 때로 거기엔 좋은 이유들이 있다. 학습지와 교재와 강의들은 종종 교육학적으로 정당화하기 어렵다… 교사로서 내 자신의 주된 깨달음 중 하나는 교실에서 일어나는 문제 행동들은 관심이나 주목을 끌어야 하는 학생들의 부자연스런 욕구에 기인한 것이 아니란 점이었다. 학생들은 대개 시간이 빨리 지나가게 하기 위해 장난을 치는 것이다…당시에 나는 새로운 징계 방법을 찾을 것을 생각했으나, 나에게 실제로 필요했던 것은 새로운 교과 과정이었다."[5]

우리는 대부분의 문제 행동들이 학생들의 권태에서 생기는 것을 인식하고, 학생들을 매료시키고 수업에 참여시키는 교과 과정을 개발하는 데 노력하였다. 지금까지 그 결과는 만족스럽다. 우리는 전국 각지로 우리 출판사의 성경공부 교재를 사용하는 교회에 조사단을 파견했다. 우리가 교사들을 면담할 때 묻는 질문들 중 하나는 "교실에서 징계 문제를 어떻게 다루십니까?"였다. 모든 교사가 기본적으로 동일한 대답을 했다. 그것은 "징계 문제는 거의 없습니다. 아이들이 너무 열중해서 장난을 치고 싶은 시간이 없지요"였다.

알피 콘은 그것을 잘 요약한다. "학생들이 과제에서 손을 뗄 때, 우리는 무엇보다 먼저 '그 과제가 어떤 것인가?' 부터 물어야 한다."[6]

감동이 있는 학습 만들기

감정은 학생들이 배우고 간직하고 자신의 삶에 적용하는 것을 조종하는 조종사이다. 어떤 감정은 역효과를 낼 수도 있으며 긍정적인 학습을 방해하기도 한다. 교육적 상황에서 다른 감정들은 좋은 정보를 장기적 기억으로 보내고, 그것은 일생동안 유익하게 사용될 수 있다.

어떤 연령의 학생들이든 그들의 학습을 고양시킬 감정을 경험하도록 기회를 마련해 줄 수 있다. 학생들에게 성경 이야기를 들려주는 대신, 그들에게 그것을 경험하게 하라. 그렇게 할 때 성경시대에 살았던 등장인물들이 느낀 감정의 일부를 재현할 수 있다.

성경 재창조를 위한 한 방법으로 우리는 커다란 비닐 봉지로 풍선을 만들어 학생들을 그 안으로 기어 들어가게 한다. 우리는 조경사가 땅을 덮을 때 사용하는 얇고 검은 비닐봉지를 사용한다. 테이프로 봉지의 가장자리를 마루바닥에 붙이고 그것의 중간 부분은 헐렁하게 둔다. 이 봉지의 한 쪽 끝에 선풍기에 바람을 넣는다. 그 바람은 거대한 비닐 풍선을 만든다. 반대 편 끝에 구멍을 내어 학생들이 들어갈 수 있도록 한다.

우리는 이 큰 풍선 안에서 여러 학습을 수행했다. 여름성경학교 어린이들을 위해 그 공간은 요나의 큰 물고기 뱃속이 되었다. 다른 때는 사도 바울이

탄 죄수 배의 어두운 짐칸이 되었다. 어린이들은 성경의 이야기들을 경험했다. 그들의 감정이 최고 속도로 움직이면서 그들의 학습을 장기적 기억 속에 견고히 자리잡게 했다. 우리는 청소년들과 성인들에게도 그 큰 풍선을 사용했다. 수련회에서 우리는 그 풍선을 예수님의 시신이 놓인 무덤으로 변형시켰다. 우리는 학생들에게 그 안에 들어와 기도하고 시신이 없어진 것을 목격하게 했다. "그분은 살아나셨다"고 우리가 속삭였다. 많은 학생들이 그 어두운 무덤 속에 무릎을 꿇고 앉아 주님의 희생을 묵상하면서 감동의 눈물을 흘렸다. 그 수업은 실제 경험이 되었고, 그 강렬한 감정을 통해 그들의 영혼에 영구히 새겨졌다.

우리의 새로운 성경공부 방법들을 사용해 학생들로 하여금 성경 이야기를 경험하게 한다. 모든 학생들이 능동적으로 참여한다. 그것을 하나의 탐험으로 생각해 보라. 학생들은 단순히 탐험에 대해 읽거나 연습 문제를 풀거나 다른 사람이 말하는 것을 듣고만 있지 않는다. 학생들은 실제로 그 탐험에 참여한다. 그들이 이야기의 일부가 된다. 그들은 성경 속으로 기어 들어가 그것을 느낀다. 그리고 그 느낌을 영원히 기억할 것이다.

감정이입 요소 사용하기

감정은 학습을 위한 게임이나 시뮬레이션을 통해 건설적으로 유발될 수 있다. 이런 것들은 감정을 자극하는 흥미로운 상황들로 학생들을 끌어들이고 그 감정들을 토론할 수 있다.

청소년들과 성인들에게 우리는 초를 사용하여 게임을 하게 한다. 그들을 두 그룹으로 나누고, 두 줄로 서서 서로 마주보게 한다. 그 다음 한 학생에게 불켜진 양초를 주고 다른 사람들이 만든 줄 사이를 걷거나 달려서 지나가게 한다. 줄에 서 있는 사람들은 입으로 바람을 불어 촛불을 끄게 한다. 도중에 불이 꺼지면 다시 붙여 준다. 촛불을 옮기는 사람의 목표는 그것을 꺼뜨리지 않고 그 줄 사이를 통과하는 것이다. 모든 사람이 촛불을 옮기는 기회를 가지게 한다.

이것은 다소 힘든 게임이다. 학습자들이 그들의 촛불을 꺼뜨리지 않기 위해 여러 방법을 사용할 때, 그들은 종종 좌절감을 느끼거나 굳은 결심을 보인다.

경험을 함께 나누는 시간에 학습자들에게 마태복음 5장 14-15절을 주목하게 한다.

> "너희는 세상의 빛이라 산 위에 있는 동네가 숨기우지 못할 것이요 사람이 등불을 켜서 말 아래 두지 아니하고 등경 위에 두나니 이러므로 집안 모든 사람에게 비춰느니라."

우리는 이 게임이 어떻게 하나님을 위해 빛이 되는 것과 같은지 혹은 같지 않은지 묻는다. 다시 감정이 일고 학생들은 동료들에게 어떤 식으로 그들의 영적인 불꽃을 끄려고 하는지 설명한다. 그러나 그들은 그 게임에서조차 누군가가 언제나 옆에 있어 그들의 초에 다시 불을 붙여준 것을 기억한다. 그것은 꼭 하나님과 같다. 그분은 언제나 거기 계셔 우리의 신앙에 다시 불을 붙여주시고, 세상에 나가 그분의 빛을 밝히도록 우리에게 힘을 주신다.

그와 같은 상징적인 경험은 학습을 보장하는 감정을 유발시킨다. 예수님은 제자들의 발을 씻기셨을 때 이 방법을 사용하셨다. 제자들은 겸손히 섬기는 자세에 대한 강력한 상징적 교훈을 경험했다. 그들의 고양된 감정이 그들의 학습과 보유를 강화했다.

가르침에 적절한 감정을 유발하는 학습 시뮬레이션과 게임을 어떻게 고안하는가? 우리는 먼저 우리가 탐구하고자 하는 성경의 요지를 분석한다. 그리고 학습을 견고하게 해 줄 특별한 감정이나 또는 감정이입 요소를 찾아낸다. 가령 우리가 가난한 사람들에 대한 학생들의 관심과 돌봄을 증대시키기 원한다고 해보자. 우리는 궁핍이나 동정의 느낌이나 또는 봉사의 기쁨 중 한두 가지를 창출하기로 결정할 수 있다. 그 다음 우리는 이런 감정이입 요소들을 유발하는 경험을 고안한다.

한 가지 방법은 학생들의 일부만 맛있는 간식을 나누어주는 것이다. 그것은 가지지 못한 자들 사이에 있는 궁핍감이나 또는 잘 먹고 사는 사람들 사이에 있는 우월감을 경험하게 할 수 있다. 그 시뮬레이션 후에 우리는 나눔 시간을 통해 학생들이 경험한 감정을 살피고 그것을 실제 삶의 상황들과 연결짓게 한다.

감정의 관련은 학습을 장기적 기억 속으로 깊이 뿌리내리게 한다. 하나님은 우리를 감정을 가진 존재로 지으셨다. 예수님의 가르침은 강한 감정들을 유발했다. 이 강한 감정들은 그분의 교훈을 잊을 수 없게 만드는 데 기여했다. 우리도 예수님이 가르치신 것과 같이 가르칠 수 있다.

"가장 위대한 통찰은 우리가 경외감을 느낄 때 일어난다."
- 아브라함 조슈아 헤셀(Abraham Joshua Heschel)

| 제 6 장 | ## 가정 : 뿌리가 깊이 내리는 곳

> 부모들은 교회에서 가장 주된 신앙 교육자들이며,
> 가정은 자녀들에게 믿음을 심고
> 그것을 한 세대에서 다음 세대로 전수하기 위해
> 하나님이 제정하신 기관이다.

조아니는 농장에서 자라면서 믿음의 의미를 일찍 배웠다. 매년 아버지 버드 씨는 농사를 지었다. 밭을 갈고, 씨앗을 심으며, 작물을 돌보고, 곡식을 추수했다. 그러나 농장에서의 삶이 언제나 평탄하지만은 않았다. 매주 가족은 하늘을 쳐다보며 농사짓기에 딱 알맞은 양의 비와 햇빛을 주신 것을 감사했다. 그러나 언제나 자연이 축복을 허락한 것이 아니기 때문에 그들은 어려움도 겪었다. 때로는 폭풍을 몰고오는 검은 구름이 불안하게 다가왔고, 우박이 갓나온 새싹들을 갈가리 찢었다. 그리고 가끔씩 생명을 줬던 빗줄기가 억수같이 퍼부어 모든 것을 휩쓸어 버리기도 했다.

농장에서 자라는 것은 농사짓기 이상의 것을 배우게 한다. 조아니는 부모가 성공과 실패를 어떻게 대하는지를 보았다. 그녀는 신앙의 눈으로 삶을 어떻게 바라봐야 하는지를 배웠다. 새벽부터 어두워질 때까지 쉬지 않고 일하지만 주일만은 꼭 쉬는 아버지를 보면서, 그녀는 예배의 중요성과 안식일을 거룩히 지키는 것을 배웠다. 조아니는 어머니가 어디서나 도움이 필요한 사람을 돌보는 사랑과 동정의 마음으로 사는 것을 보았다. 어머니와 함께 양로원을 방문해 궁핍한 사람들을 돌보는 것이 삶의 한 방법인 것을 가르쳐주셨다. 이웃 사람이 특별한 도움을 필요로 할 때마다 조아니의 부모는 그곳에 있었다. 그녀의 가정은 믿음의 뿌리가 깊이 자라는 비옥한 토양이었다.

교회의 기독교 교육과 학습에 대해 저자가 아무리 많은 글을 쓸지라도 신앙 형성에 있어 가정이 미치는 영향을 결코 무시할 수 없다. 우리가 교회학교 교실에서 최선을 다할지라도, 훨씬 더 강력한 학습 환경이 있다는 것을 인정해야 한다. 그것은 바로 '가정'이다. 대부분의 교회 사역자들은 부모가 어린이들의 도덕성과 가치와 신앙에 가장 큰 영향을 미친다는 점에 동의한다. 그런데 그 영향은 둘 중 한 방향으로 갈 수 있다. 부모는 자녀들의 신앙 성장에 긍정적인 영향을 미칠 수 있고, 강력하게 부정적인 영향을 미칠 수도 있다.

그렇다면 이것은 교회와 무슨 상관이 있는가?

교회와 가정

예전에 가정들은 자급자족으로 생존했다. 그러나 점차 가정들이 그 책임을 포기하기 시작했다. 아마 그 전환점이 되는 것은 국가의 의무교육이 더 적절하다고 결정한 때였을 것이다. 따라서 이전에 가정에서 이루어졌던 교육이 공립학교 교실로 옮겨졌다. 점차 우리 사회는 외부의 자원도입과 전문화에 관심을 기울이게 되었다.

그런데 시간이 지나면서, 교회도 전문화된 교육을 반영했다. 대부분의 부모들은 자녀들의 신앙교육을 즐거이 교회에 넘겨주었고, 교회는 당당히 그 책임을 다하려 했다. 대부분의 부모들은 신학과 교리의 미묘한 차이점들을 말할라치면 스스로 심한 무식을 느꼈다. 어떤 이들은 심지어 가정에서 기독교 세계관을 심어주는 일까지 작별을 고했다. 우리는 모든 것이 너무나 전문화되고 세분화되어 우리의 신앙 역시 그렇게 전문화시켜 버렸는가? 가정에서 기독교가 스타벅스 커피나 매니큐어 살롱와 같이 세분화의 희생물이 되었는가?

믿음은 그 본질에 있어 관계성이다. 비록 교회에서 그 관계에 대해 더 많이 배우고 경험할지라도, 우리의 삶 특히 가정은 우리의 신앙을 실습하는 실습실이다.

종종 우리 부부는 우리 자신과 또 하나님과 우리의 관계가 얼마나 가족에 의해 영향을 받았는지를 발견하고 놀란다. 여기에 한 예가 있다. 우리는 둘 다 팀으로 함께 일하는 것을 좋아한다. 남편과 아내로서 뿐만 아니라, 우리 출판사의 동역자로, 심지어 같이 책을 쓰는 일까지 우리는 즐긴다.

많은 사람들이 어떻게 우리가 같이 일을 할 수 있는지 묻는다. 어떤 이들은 실제로 우리가 그것을 얼마나 즐기는지를 알고 의아해 한다. 그러나 우리는 둘 다 우리의 부모님들에게 훈련을 받았고 가족들로부터 배웠다. 양쪽 부모님들 모두 우리에게 결혼하여 사는 법과 팀으로 동역하는 법을 가르치셨다. 조아니의 부모님은 농부로 일하셨고, 톰의 부모님은 음반 도매상을 하셨다. 당시에는 그것을 알지 못하더라도, 우리는 어머니와 아버지들이 서로 의사를 전달하고, 차이점들을 해결하며, 결정을 내리고, 서로를 존중하고 후원하는 것을 보고 배웠다. 우리는 에베소서 5장 31-33절을 행동으로 보았다.

"이러므로 사람이 부모를 떠나 그 아내와 합하여 그 둘이 한 육체가 될지니 이 비밀이 크도다 내가 그리스도와 교회에 대하여 말하노라 그러나 너희도 각각 자기의 아내 사랑하기를 자기같이 하고 아내도 그 남편을 경외하라."

부모님들은 우리에게 남편과 아내로서 서로를 존중하도록 가르치셨다. 우리는 바울이 예수님과 교회의 관계로 묘사한 것을 직접 목격했다. 우리의 부모님들은 공공연히 그 구절을 지적하지 않으셨으나 그것을 가르치고 계셨다. 그것이 바로 가족이 우리에게 하나님과 관계가 어떠해야 하는지에 대해 깨닫게 해주는 것이다.

오늘날 그리스도를 중심으로 모신 가정에 사는 것은 희귀한 축복으로 보인다. 그러나 우리는 값을 헤아릴 수 없고 삶의 모양을 결정짓는 가정의 강력한 교육을 결코 과소평가할 수 없다. 단순히 주일날 또는 주일학교 교실에서 1시간 복음 메시지를 듣는 것은 24시간 신앙을 삶으로 사는 가정과 비교할 수 없다.

당신의 가정을 생각해 보라. 당신은 부모님들을 통해 예수님에 대해 무엇을 배웠는가? 하나님이 사랑과 용서의 아버지이셨는가? 혹은 당신이 실수할 때마다 당신을 찌그러뜨릴 준비가 되어 있는 하늘의 경찰관이셨는가? 교회는 전혀 이질적인 존재였는가? 혹은 후원과 돌봄의 안락한 항구였는가? 하나님이 먼저 당신에게 주신 것을 다른 사람들에게 나누어주는 청지기 정신이 삶의 방식이었는가? 혹은 주일날 저녁 식탁을 둘러싸고 "왜 교회는 언제나 돈을 구걸하는가?"와 같은 불평이 난무했는가?(그것도 당신의 가족이 교회에 다녔을 때에.)

가정은 가치와 신앙을 키우기에 매우 비옥한 토양이다. 우리가 전국 각지의 수많은 목회자들과 대화할 때, 모두가 효과적인 가정사역 방법들을 갈망했다. 우리의 믿음이 번성하거나 무참히 꺾이는 곳이 바로 가정임을 교회는 인정해야 한다.

실로 믿음을 대대로 전하는 일을 위해 부모들은 하나님이 계획하신 방법이다. 이것은 심각하다. "…나 여호와 너의 하나님은 질투하는 하나님인즉 나를 미워하는 자의 죄를 갚되 아비로부터 아들에게로 삼사대까지 이르게 하거니와 나를 사랑하고 내 계명을 지키는 자에게는 천대까지 은혜를 베푸느니라"(출 20:5-6).

「가족같이 친밀한 교회」(The Family-Friendly Church)를 저술한 벤 프로덴버그(Ben Freudenburg)와 릭 로렌스(Rick Lawrence)는 이렇게 말한다. "부모들은 교회에서 가장 주된 신앙 교육자들이며, 가정은 자녀들에게 믿음을 심고 그것을 한 세대에서 다음 세대로 전수하기 위해 하나님이 제정하신 기관이다."[1]

성경은 우리에게 가정이 미치는 장기적 영향과 세대에서 세대로 이어지는 영향에 대해 말하고 있다. 그것도 교육적 시각에서 왜, 그럴까?

가족과의 기억은 뿌리를 깊이 내린다

가족에 대한 강렬한 기억들은 학습을 보유한다. 그것은 감정이 수반될 때 기억이 고착되기 때문이다(5장에서 배운 것을 기억하는가?).

예를 들어, 어린 시절이나 지금이나 당신의 가족 생활에 대해 잠시 생각해 보라. 당신은 이런 자질들에 대해 무엇을 배웠는가?

사 랑	인 내	충 성	희 락	자 비
온 유	화 평	양 선	절 제	

또는 이런 것들에 대해 당신은 당신의 가정에서 무엇을 배웠는가?

음 행	더러운 것	호 색	우상 숭배	술 수
원수를 맺는 것	분 쟁	시 기	분 냄	야 심
분리함	이 단	투 기	술취함	방탕함

갈라디아서 5장 19-23절에 나오는 이 낱말들과 관련하여 언뜻 머릿속에

떠오르는 구체적인 보기가 있는가? 이 낱말들 중에서 생생히 기억나는 것은 강한 감정과 결부되었기 때문이다.

사람들이 기독교적인 신앙 환경에서 살지 않을 때조차, 그들은 여전히 삶과 가치에 대해 무언가를 '배운다' 그것이 교회에 다니는 우리가 바라는 것일 수도 있고, 그렇지 않은 것일 수도 있으나, 어쨌건 그들은 무언가를 배운다.

〈조사 기관〉에서 「효과적인 기독교 교육: 전국 개신교 교회들에 대한 연구」(Effective Christian Education: A National Study of Protestant Congregations)란 획기적인 연구를 발표했다. 그 안에는 교회 교육자들을 위한 심오한 메시지가 들어 있다. 〈조사 기관〉은 현재 성숙한 신앙을 고백하는 사람들이 나오기까지 그 이면에 어떤 요소들이 작용했는지를 발견했다. 다음은 그들이 발견한 것이다.

■ 어머니와의 대화. 이 연구 결과에 따르면, 어떤 개인의 경험이 신자의 신앙 성숙에 중대하게 긍정적 영향을 미친다. 이런 경험들 중 가장 강력한 것은 5-12세 사이에 어머니와 하나님에 대해 이야기하는 것이다. 그러나 5개 주류 교파의 16-18세 청소년들 중 거의 40퍼센트가 조금 혹은 결코 그런 경험을 하지 못했다고 말한다. 성인들 중에는 26퍼센트가 어린 시절에 그런 경험을 하지 못했다.

■ 아버지, 친척, 친구들과의 대화. 13-15세 사이에 아버지와 신앙이나 하나님에 대해 이야기하는 것은 신앙의 성숙에 중대한 영향을 미친다. 그러나 56퍼센트가 결코 경험하거나 대화를 나눈 적이 없다고 말한다. 어린이나 청소년 시기의 다른 중요한 경험은 친척들과 신앙에 대한 대화나 가족 예배를 드리는 것, 온 가족이 함께 다른 사람들을 돕는 일에 참여하거나, 신앙에 강한 흥미를 가진 친구들과 사귀는 것 등이다.[2]

만약 이것이 사실이라면, 각 가정에 도움을 주기 위해 우리는 무엇을 하고 있는가? 우리가 어떻게 가족들로 하여금 그들의 신앙에 대해 이야기하게 할 수 있는가? 엄마와 아빠와 아이들 사이에 어떻게 대화가 일어나도록 자극할 것인가?

다음은 이 일이 얼마나 단순한 일이 될 수 있는지를 보여 주는 한 예가 있다. 한 청소년 모임이 끝날 즈음에, 우리는 집에서 식구들과 함께 자유롭게 이야기할 수 있는 일련의 질문들을 복사하여 나누어주었다. 무슨 엄청난 것도 거창한 것도 아니었다. 그럼에도 그 다음 주에 친(Chinh)이 어머니와 나눈 대화를 이야기했다. 친은 이전에 한 번도 나누어 본 적이 없는 방식으로 대화를 했다고 말한다. 가족들에게 '대화 거리'를 제공하는 것과 같이 지극히 단순한 일로써 가족끼리 뿌리를 내리고 영원히 남을 수 있는 씨 뿌리기 과정을 시작할 수 있다.

「믿음 짜기」(Faith Weaver) 교과 과정(그룹출판사에서 발행한 새로운 공과 : 역자주)은 모든 연령의 사람들에게 적절한 방식으로 매주 동일한 성경 이야기를 공부할 수 있게 한다. 그리고 '요점 새기기'로 불리는 코너에서 그 이야기를 다시 한 번 설명한 후 온 가족이 의견을 나눌 수 있는 쉬우면서도 의미심장한 질문들을 제시한다. 게다가 목회자는 성경 이야기들을 설교와 연결짓는 창의적인 자료들을 제공받을 수 있다. 교회는 역사적으로 모든 사람을 분리시키는 데 상당히 성공하여서 가족들이 공통 화제를 찾기가 매우 어렵다! 「믿음 짜기」를 사용하는 교회들은 가족을 이용하는 이득을 얻을 것이다.

〈조사 기관〉에 의한 보다 최근의 한 연구는 40가지의 발달상의 이점들, 즉 어린이가 행복하고 건강한 삶을 누릴 기회를 예고할 수 있는 내적, 외적 영향들을 밝혔다.[3]

그 연구는 어떤 사람이 이런 이점을 많이 가지면 많이 가질수록, 위험한 행동을 보여 줄 확률은 줄어드는 것을 발견했다. 한편, 이런 이점들을 많이 가지지 못한 사람일수록 위험한 행동을 보여줄 확률은 높아진다.

건강한 삶으로 인도하는 아래의 긍정적인 자원들을 읽으면서, 얼마나 많은 것들이 가족에게 영향을 주는지 주목하라. 가족이 영향을 미칠 수 있다고 생각되는 것들 옆에 표시를 해 보라.

내 용	체 크	내 용	체 크
1. 가족 후원		21. 성취 동기부여	
2. 긍정적인 가족 대화		22. 학교 공부	
3. 다른 성인과의 관계		23. 숙제	
4. 돌보는 이웃		24. 학교와의 유대	
5. 돌보는 학교 풍토		25. 독서를 즐김	
6. 학교생활에 부모의 참여		26. 관심	
7. 젊음을 가치 있게 여기는 공동체		27. 평등과 사회정의	
8. 젊음이 자원임		28. 성실	
9. 다른 사람들을 섬김		29. 정직	
10. 안전		30. 책임	
11. 가족 경계		31. 자제	
12. 학교 경계		32. 계획과 결정	
13. 이웃 경계		33. 대인관계 능력	
14. 성인 역할 모델		34. 문화적 능력	
15. 긍정적 동료들에 대한 영향력		35. 거부 기술	
16. 높은 기대		36. 평화로운 갈등 해결	
17. 창의적인 활동들		37. 독립심	
18. 청소년 프로그램		38. 자기 존중	
19. 종교 공동체		39. 목적 의식	
20. 집에서 보내는 시간		40. 개인의 미래에 대한 긍정적 견해	

교회의 역할 이해

언뜻 보기에 이런 모든 '가족의 영향'에 대한 정보는 교회의 역할을 감소시키는 것처럼 보일 수 있다. 그러나 정반대이다. 교회는 이전보다 더 가정이 그리스도의 사랑이 넘치는 안식처가 되도록 준비시켜야 한다. 그것은 단순히 교회에서 우리가 이 실제적인 신앙 실습실을 이용하기 위해 다르게 행동할 필요가 있다는 것을 의미한다. 그리고 삶이 언제나 깔끔하고 정연하게 보이는 것은 아니다.

레지스 대학(Regis University)의 가족생활학 교수 데이빗 M. 토마스(David M. Thomas)는 〈가정 사역〉 잡지에서 이렇게 쓰고 있다.

> 인격의 형성과 교육은 하루 24시간 내내 일어나는 반면, 교회 교역자들은 단지 일주일에 1시간밖에 어린이들과 함께 있지 못한다고 할 때, 이것은 건전하고 현명한 계획을 세우기 위해 어떤 밀접한 관계를 지녔는가? 확실히 이것은 교회 생활을 실로 복잡하게 만들어 깨닫게 했다. 가족들은 뒤죽박죽이고, 그들과 함께 일하는 자들의 면밀한 계획을 뒤죽박죽으로 만드는 경향이 있다. 제자들은 주님이 어린이들을 불러 그분 옆에 앉히셨을 때 자신들이 계획한 효율성이 떨어지는 것을 보았다. 가족은 편안하고 잘 짜여진 교회 행사를 혼란스럽게 만드는 멋진 훼방꾼들이다.[4]

바로 이런 생각이 현재 교회를 바꾸고 있다. 특수한 연령층을 담당하는 많은 교역자들이 사역을 가정 사역 형태로 변형시키고 있다. 교역자들은 어린이들에게 주는 단기적인 영향에 좌절감을 느끼고 이제 학습 과정을 부모들과 동역할 때가 된 것을 깨닫고 있다. 나아가 부모들과 어떻게 관계를 유지하고 나아가야 할 것인가에 대해 사역자의 역할을 주의깊게 살피게 한다. 일선 가정 사역자들은 교회의 에너지를 가정에 돌리는 일에 열렬한 지지를 보낸다.

벤 프로덴버그는 말한다. '바로 이 때문에 나는 우리가 교회 중심의 가정

지원 사역 모델에서 가정 중심의 교회 지원 사역 모델로 옮겨가야 한다고 확신한다."5)

만약 당신의 가정에 교회의 역할을 재고하기 원한다면, 「가족 같은 교회」(The Family-Friendly Church)를 읽어보라. 그것은 어떻게 시작하고 어디로 향해야 할지를 분간하는 데 훌륭한 도구가 될 것이다.

교회는 가정에 더 깊이 영향을 미칠 필요를 인식하고 있을 뿐 아니라, 문화는 영적인 공백을 메울 방법을 찾고 있다. 일요판 신문을 뒤적거리다가, 우리는 '2000년대 꿈의 집'이란 기사를 발견했다. 제목이 그럴듯하여 우리는 그것을 읽었다. 그것은 글쓴이가 '미래-보강'으로 이름 붙인 집 설계에 있어 오늘날 세 가지 주된 경향을 설명했다.[6]

첫 번째 것은 그리 놀랍지 않다.

숨겨진 첨단기술 21세기 발명품들이 초특급으로 배선된 집들. 전등에서 잔디에 물을 뿌리는 스프링클러에 이르기까지 모든 것을 통제하는 중앙 컴퓨터, 멀리 떨어진 당신의 사무실이나 또는 디지털 오락과 신속히 연결해 주는 초고속 광케이블.

두 번째 것은 보다 가족적인 정서를 반영한다.

우리와 함께 자라는 집, 우리의 필요와 더불어 변하는 집. 건축가들은 이런 집 경향을 '제 자리에서의 변화'로 부른다. 어린이에서 할머니에 이르기까지 모든 사람의 편의를 도모하는 구조와 설비를 지니고 있다.

세 번째 경향은 완전히 우리의 허를 찔렀다.

이 경향은 교회와 가정 사역을 위해 어떤 의미를 지니는가? 명상을 위한 방. 일상 생활에서 점점 증가하는 영적인 것에 대한 욕구를 충족시키기 위한 방. 따라서 가정 제단을 만드는 경향, 즉 건축 역사가 진 맥만(Jeam McMann)은 영적 중심지는 "우리 자신보다 더 위대한 무엇"을 숭상함을 뜻한다고 말한다.

이 건축 역사가가 오늘날 가정들의 영적 욕구에 민감한 만큼 교회는 민감한가? 만화경의 끝에 붙은 색유리 조각들처럼, 만약 우리가 그것들을 약간만 비틀어 돌린다면, 우리는 교회와 그것의 가정들의 눈부신 새 모습을 창조할 것이다. 우리는 믿음의 뿌리가 깊이 자랄 수 있는 가정을 창조할 수 있다. 그것은 어떤 모습일까?

뿌리가 깊이 내리는 방법들

기독교 교육을 위한 노력으로 가정과 접촉하고 돕는 방법이 크게 놀랍거나 멋진 일이 될 필요는 없다. 그것은 단순히 새로운 사고 방식을 요구할 뿐이다. 부모들은 함께 가족 시간을 만들어보자는 교회의 제의를 분명히 환영할 것이다. 〈바나 리서치 그룹〉(Barna Research Group, Ltd)의 대표 조지 바나(George Barna)는 한 보도 자료에서 다음과 같이 보고했다. "성인들이 가장 원하는 것 중 하나는 건강과 성공과 행복한 가정을 만드는 것이다. 그러나 수백 만의 성인들이 이것을 위한 노력은 그들이 원하는 만큼 성공하고 있지 않다. 5개 교회의 80퍼센트가 구체적으로 가정 지향적인 사역을 제공할지라도, 대부분의 성인들은 그 프로그램과 사역이 그들의 가정들에 최저의 긍정적 영향을 미칠 뿐이라고 말한다."

그러나 여기에 기쁜 소식이 있다. "약 2/3에 달하는 부모(63%)들은 교회가 자신들을 돕는 일에 더 많이 관여해야 한다고 말했다. 거듭난 그리스도인 부모들 사이에서 그 비율은 훨씬 더 크다. 10명 중 8명(81%)은 교회가 더 나은 부모가 되도록 보다 적극적으로 도와야 한다고 말한다." 부모들은 흥미롭게도 공립학교나 정부에 도움을 구하는 데는 열심을 내지 않았다.[7]

이처럼 부모들은 교회에서 도움을 얻기를 원한다. 다음은 부모들이 가정을 하나님의 말씀이 자라는 비옥한 토양으로 만들도록 돕는 방법들이다.

1. 가족들이 식사시간을 되찾도록 도우라.

이것은 교회에서 가족들이 함께 식사하는 시간을 마련할 수도 있다. 또는 가족들이 시간을 따로 정해서 다른 일정에 방해받지 않고 함께 식사시간을 보내도록 격려하는 것을 의미한다. 전문상담가 재클린 스트릭랜드(Jacquelyn Strickland)는 부모와 청소년들을 위해 '가족간의 유대 강화' 프로그램을 개발했다. 그것은 9주를 한 회기로 하고, 매번 새 회기가 시작될 때마다 가족들이 함께 모여 식사를 한다. 이 식사시간 동안 가족들이 서로 이야기하도록 토론거리들이 제공된다. 이 활동은 가족들이 어떻게 식사시간을 함께 유익하게 보낼 수 있는지 보여 준다. 또한 의미 있는 토론을 나누며 멋진 시간이 될 수 있음을 입증한다. 재클린은 실제로 그 시간에 어떤 일이 일어나는지 알기 위해 15세와 18세 된 아들들과 함께 그녀의 가정에서도 시행해 보았다.

토론거리는 "이번 주에 가장 감사했던 것을 서로 나누어 보자"에서 "내가 겪고 있는 어려움 중 가족들의 도움을 바라는 것은…"에 이르기까지 다양하다. 가족들이 돌아가며 화젯거리를 만들어 내게 하는 것도 좋은 생각이다.

놀라운 일이 무엇인지 아는가? 먹으며 이야기하는 것이 가족들이 함께 보낸 가장 중요한 시간이 된다. 재클린은 이 활동 전에는 많은 가족들이 한 번도 같이 식사를 하지 않았고, 의미 있는 대화를 나눈 가족들은 훨씬 더 적었다고 보고한다.

당신의 교회도 이와 같은 기회를 제공할 수 있을 것이다!

2. 부모와 자녀들의 상호교류를 위협적이지 않게 만들라.

이전에 오하이오 주 에크론(Akron)에서 학생 사역을 담당했던 데이브 맥클란(Dave McClellan)은 부모와 자녀들의 관계를 강화시키는 쉬운 과정을 제안하였다.

- 가족들을 한 장소에 모이게 한다.
- 부모들이 다른 아이들과 함께 대화하게 한다.
- 부모들이 자기 자녀들과 대화하게 한다.

3. 훈련과 자료를 공급하라.

점점 더 많은 출판사들이 가족을 돕는 자료를 출간하고 있다. 예를 들어, 우리 출판사는 교회가 각 가정에게 가족 경건 시간을 가지도록 돕는 기획물을 만들었다. 조아니는 재미있고 독창적이며 관계를 증진하는 경건 자료들을 가정에 공급하는 한 방법으로 「하나님에 대해 이야기하는 재미있는 방법들」(Fun Excuses to Talk About God)을 썼다. 또한 교회가 주최하는 네 번에 걸쳐 행해하는 토론 지침도 만들었다. 가족들이 함께 교회에 와서 기억에 오래 남는 가족 경건 시간을 이끌어 가는 방법을 배운다. 이것은 그 자체로 교회에서 갖는 멋진 가족 시간이 되지만, 부모들만 오는 시간으로 만들 수도 있다. 가족들은 그 주 동안 배운 것을 실험하고 돌아와 질문과 아이디어들을 나누며 서로 격려하고 후원할 수 있다. 이 책들은 장기적인 신앙의 영향을 미치는 것으로 모든 교육적 방법들을 사용한다.

4. 부모들에게 '가르칠 순간'을 포착하게 하라.

가족들이 '하나님께 안테나'를 세울 때, 부모들은 놀라운 것을 가르칠 수 있다. 예를 들어, 부모들이 대중매체를 교육 수단으로 사용할 수 있게 하라.

만약 화면에서 누군가가 상스런 언어를 사용하거나, 폭력으로 문제를 해결하거나, 배우자 외에 다른 사람과 성적으로 관계를 맺는다면, 이런 보기를 사용하여 기독교적 가치를 가르치라. 가령, "저런 말은 우리 집에서 쓰는 말이 아니다." 또는 "우리 가족은 문제를 해결하기 위해 폭력을 사용하지 않는다—우리는 대화로 그것을 해결한다." 또는 "우리는 하나님이 결혼을 특별한 관계가 되도록 만드신 것을 믿는다." 대중매체를 여과 없이 멋대로 침투하도록 두는 대신, 그것을 토론거리로 삼아 교육의 기회로 사용하라.

5. 부모들에게 그냥 아이들과 함께 있게 하라.

캔사스에서 결혼과 가족 상담을 하는 로이스 프라지어(Royce Frazier)는 부모들에게 아무 일없이 그냥 자녀들과 함께 있도록 조언한다. 이것은 실로 자유로운 느낌을 주지 않는가? 그는 부모들이 잘 해보려고 애쓰기를 멈출 때 실제로 부부간이나 자녀들과의 관계가 더 성공하는 것을 발견했다.

6. 부모들에게 가족이 완벽할 필요가 없다는 것을 알게 하라.

종종 사람들은 '그리스도인' 가정들은 문제가 없어야 한다. 그들은 완벽해야 한다는 그릇된 인식을 가진다. 그러나 그것은 진실이 아니다. 성경을 훑어보거나 자신을 보기만 해도 그것을 알 것이다. 우리는 오늘날의 가족들에게 성경시대에서와 같이 하나님의 은혜가 넘치는 것을 보도록 도울 수 있다. 캘리포니아 웨스트레익 마을의 갈보리 공동체 교회에서 가정사역을 맡고 있는 팀 스미스(Tim Smith)는 최근에 "그래서 당신은 당신의 가족이 엉망진창이 되었다고 생각하는군요!" 란 제목으로 10주에 걸친 시리즈를 가르쳤다. 매주 그 그룹은 10개의 시대를 초월해 가족 문제들을 다룬 성경의 가정을 연구했다. 예를 들어 '서해안으로 이동한 아브라함'은 자주 이사하는 가정들의 문제를 다루었고, '소돔에서 롯의 마지막 밤'은 성적인 주체의식과 동성연애, 동성 결혼 문제들을 다루었다. '이스마엘의 홀어머니'는 편모 편부의 문제에 대해 이야기했다. 또한 '요셉의 엉뚱한 꿈'은 경쟁의식과 시기 문제를 탐구했고 '요셉의 가족의 회복'은 가족 치유를 다루었다. 성경을 가족들의 삶과 연관짓는 것은 뿌리를 깊이 내리게 한다.

7. 가족들이 평범 속에서 영적인 것을 보도록 도우라.

데이빗 토마스(David Thomas)는 가족들이 언제나 '거룩한 순간'을 살고 있으나 그것을 인식하지 못하고 있다고 지적한다. 가족들이 하나님 뜻을 일상 생활에 연결시킨다면 어떤 일이 일어날까? 어린이를 목욕시키는 것이 그 가족에게 아이의 세례를 상기시킨다면? 함께 식사를 하는 것이 주님의 성만찬과 연결된다면? 서로 대화하는 것이 기도의 은사를 일깨우는 것이 된다면?

로이스 프라지어는 부활절 시기에 그의 가족이 즐기는 한 전통에 대해 말한다. 그들은 유월절 만찬을 나눈다. 그들이 이집트에서 구출된 이스라엘을 기억할 때, 자신의 과거에 그들이 거의 죽을 지경에 이르렀던 경험을 기억할 것이다. 그들은 죽음의 천사가 그들의 가족을 넘어간 때들을 기념한다. 그 각 가정의 어린이는 실로 기적적으로 위험한 사건들을 지나고 살아 남았다. 그들은 매번 유월절마다 그것들을 되풀이하여 말한다. 그것은 프라지어 가족이 하나님의 풍성한 은혜와 인자에 감사를 드리는 멋진 방법이다.

가정은 장기적이며 깊은 믿음의 영향을 주는 비옥한 토양이다. 당신이 뿌리가 깊이 내리는 일을 도울 때 이 학습 환경을 이용해 보라.

"좋은 교육은 극성스런 어머니 다음으로 좋은 것이다."
- 찰스 슐츠(Charles Schulz)

3부

가시밭에 떨어진 씨앗

"더러는 가시떨기에 떨어지매
가시가 자라 기운을 막으므로 결실치 못하였고
또 어떤 이는 가시떨기에 뿌리우는 자니
이들은 말씀을 듣되
세상의 염려와 재리의 유혹과 기타 욕심이 들어와
말씀을 막아 결실치 못하게 되는 자요."
마가복음 4:7, 18-19

The Dirt on Learning

7장 보상과 뇌물과 경쟁의 위험성

뇌물은 확실히 어떤 행동을 유도해 낼 수 있다.
그러나 초점이 뇌물이기 때문에,
그 행동은 오래 가지 않는다.
뇌물을 토대로 기독교 교육 프로그램을
운영하는 것은 장기적인 습관을 길러주지 못한다.

8장 본래적 동기부여를 통한 평생 학습

전체 접근법이 그들의 유익과 흥미와
학습 유형과 주의 집중력과 조화를 이룬다면
학습자들이 보다 많은 관심을 보일 것은 분명하다.

9장 고역에서 즐거움으로

사람들은 자신이 학습 과정을 즐길 때
더 많이 배우고 더 오래 간직한다.
반대로 학습 환경이 지루하고 단조로울 때는
더 조금 배우고 일찍 잊어버린다.

3부 가시밭에 떨어진 씨앗   Falling Among Thorns

잡초는 에덴 동산에서 그 무서운 타락의 날 이후 계속하여 우리 주변에 있다. 잡초는 예수님 시대에도 확실히 일상 생활의 일부였다. 그분의 추종자들은 잡초가 야기하는 문제들을 이해했다.

예수님이 묘사하신 가시떨기는 작물에게서 생명을 주는 햇빛을 빼앗아간다. 빨리 자라는 잡초의 뿌리는 귀중한 물을 다 빨아들인다. 그것들은 토양의 영양분도 고갈시킨다.

그러나 예수님의 이야기는 잡초 역할에 있어 흥미로운 면을 제시한다. 그 비유에 대한 예수님의 설명에서, 그 잡초들은 전적으로 외부의 역경들로 묘사되지 않는다. 마가복음 4장 19절을 주의 깊게 보라. 말씀을 듣는 자들이 외부의 적의 정면 공격 때문에 패배 당하는 것이 아니다. 그들은 자신의 주의 산만으로 인해 패배 당한다. 그들 자신의 반응들, 즉 염려와 부의 유혹에 굴복함과 기타 욕심이 그들로 하여금 열매를 맺지 못하게 한다.

잡초들의 문제는 은밀성이다. 때로는 잡초가 순수하게 보이고 너무나 미묘하게 자라기 때문에 사람들은 잡초의 질식시키려는 잠재력을 눈치채지 못할 수 있다.

말씀을 질식시킬 수 있는 것으로 어떤 것이 우리 교회에 작용하는가? 이 잡초들이 너무나 미묘하여 우리가 그 위험성을 깨닫지 못하고 있지는 않는가? 염려와 부의 유혹과 기타 욕심이 우리의 학습자들을 은밀히 산만하게 만들고 있지는 않은가?

우리는 잡초들이 교회 밭에 실로 무성히 자라는 것을 입증하는 많은 증거들이 있다고 믿는다.

밭 청소

농부 버드 씨는 잡초가 얼마나 음흉한 지를 안다. 여러 해 동안 그는 은밀하게 살금살금 퍼지는 긴 덩굴 모양의 잡초와 싸움을 해 오고 있다. "어떤 해에 그 놈들을 제거하기 위해 밭을 네 번이나 갈아야 했다"고 버드 씨는 말한다. 잡초의 원상 복원력은 매우 빠르기 때문에 제거하기가 무척 어렵다.

버드 씨는 언제나 경계하고 있어야 한다는 것을 안다. 그가 조금이라도 안일해지면, 잡초가 기승할 것이다. 잡초들은 일단 발판을 얻으면 걷잡을 수 없이 퍼진다. 그것들은 도꼬마리 같다고, 머리를 절레절레 흔들며 버드 씨는 말한다. "그것들은 번식력이 매우 강하기 때문에 빨리 손을 쓰지 않으면 문제가 심각해 질 수 있다."

예수님이 묘사하신 위험들도 비슷하다. 만약 해로운 훼방거리들이 일찍 통제되지 않는다면 곧 걷잡을 수 없이 될 것이다. 말씀을 듣는 자들이 염려와 불건전한 욕심들이 무성할 때 열매를 맺지 못할 것이다.

잡초의 위험성은 버드 씨에게 있어 큰 관심사이다. 여러 차례 우리는 그와 함께 차를 타고 남부 다코다 평원에 있는 시골길을 운전했다. 그런 때에 그는 다른 농부의 밭을 유심히 살핀다. 그러다가 잡초가 듬성듬성 나 있는 밭을 보게 되면 버드 씨의 윗입술이 말리고 머리가 서서히 흔들리기 시작한다. "저 밭 좀 봐라. 저런, 저런 꼴이라니! 좋은 씨를 사기 위해 그 많은 돈을 들이고선, 밭을 저 모양으로 버려 두다니. 저렇게 하고는 왜 농사가 잘 되지 않는지 의아해 하지. 어떤 사람들은 도무지 신경을 쓰지 않아. 그저 그럭저럭 해나가는 것으로 끝이야."

교회에서 우리가 농사짓는 밭도 김매기할 때가 되었다. 밭갈이를 하고, 가시떨기 잡초들을 제거할 때가 되었다.

| 제7장 | **보상과 뇌물과 경쟁의 위험성** |

뇌물은 확실히 어떤 행동을 유도해 낼 수 있다.

그러나 초점이 뇌물이기 때문에,

그 행동은 오래 가지 않는다.

뇌물을 토대로 기독교 교육 프로그램을

운영하는 것은 장기적인 습관을 길러주지 못한다.

많은 독자들이 씨 뿌리는 자의 비유에서 가시밭 부분을 대강 읽고 지나간다. 또한 '세상의 염려와 재리의 유혹과 다른 욕심'은 우리를 얽매는 굴레들의 일부로 치부한다.

그러나 잠깐 유의해 보자. 예수님이 단순히 그 문제를 나열하신 것은 아니다. 그분은 우리에게 그 문제가 당신의 말씀과 적용과 어떤 관계를 가지는지를 깨우치려 하신다. 예수님은 살며시 들어와 학습 과정을 중단시킬 수 있는 그 미묘한 것에 대해 우리의 주의를 환기시키고자 하신다.

이런 미묘한 영향들이 당신의 교회에 잠입하였는가? 어떤 잡초들은 오랜 시간에 걸쳐 너무나 서서히 자라기 때문에 우리가 눈치채지 못하거나 아예 잡초가 아니라고 생각하지 않았는가? 이제는 바로 우리 코앞에서 자라고 있는 가시떨기 잡초들을 주목해서 살필 때가 되었다.

게임은 탐욕을 보여준다

최근에 우리는 주일 아침에 대규모 어린이 프로그램을 운영하는 한 교회를 방문했다. 경쾌한 음악이 흐르는 동안 약 200명의 아이들이 다채로운 색깔로 장식된 어린이 센터로 몰려들었다. 전문적으로 꾸민 장소들이 네 가지 색깔로 구분되어 있었고, 어린이들은 각기 자리를 찾아 앉았다. 모든 아이들이 각자 자기가 어디에 가서 앉아야 하는지를 알고 있는 것 같았다.

그때 밝은 극장식 조명이 무대 위에 쏟아졌다. 사회자로 보이는 화려한 옷을 입은 한 젊은이가 무대 위로 올라오고, 밴드는 팡파르를 크게 울렸다. "어린이 여러분, 안녕하세요!" 그가 무선 마이크에 대고 소리쳤다. "저기 저 칸에 앉은 어린이들은 가장 얌전하게 행동하는 어린이들이지요. 달란트 2,000원을 더 받아 가는 것 잊지 마세요. 자, 오늘 새 친구 데리고 온 사람 있습니까?" 몇 명의 어린이가 손을 들었다. "이야! 좋습니다. 안내인들은 저 어린이들에게 각각 달란트 5,000원씩 주시기 바랍니다." 상을 받은 어린이들은 녹색 달란트를 빼앗듯이 받아들고 즉시 액수가 맞는지를 확인하려고 헤아렸다. 그런 와중에 데리고 온 친구들은 얼떨떨한 표정으로 앉아 있었다.

"자 이제 성경 암송왕을 뽑는 시간입니다." 그 어린 관객들이 박수를 쳤다. "이번 달에 배운 성경책에서 가장 많은 구절을 외운 사람이 달란트 10만 원을 타겠습니다! 이번 달 과제는 시편 74편인 것 다 알고 있지요? 적어도 한 구절은 외운 사람?" 수십 명의 손이 올라갔다. "좋습니다! 적어도 다섯 구절을 외운 사람?" 여러 명의 손이 올라갔다. "좋습니다. 그럼 열 구절 이상 외운 사람?" 맨 앞줄에 앉은 작은 여자아이가 손을 들었다.

"오, 레이첼이 이번 주에 적어도 열 구절은 외웠구나. 자, 여기 무대로 올라오세요." 사회자가 손짓했다. 가냘픈 체구의 그 소녀가 수줍어하며 큰 무대 위로 올라갔다. 그녀는 스포트라이트의 불빛이 너무 강해 손으로 눈을 가렸다. 사회자가 물었다. "시편 74편에서 몇 구절이나 외웠습니까?"

"74편 전체를 다 외웠어요." 레이첼이 말했다.

"그 장 전체를 다!" 사회자가 소리쳤다. "아니, 스물세 구절이나 되는 데 그것을 다 외웠어요?"

"네."

"그럼 한번 여기서 그것들을 다 암송하겠습니까?"

그 다음 사회자가 마이크를 들고, 어린 레이첼이 시작했다. "하나님이여 주께서 어찌하여 우리를 영원히 버리시나이까 어찌하여 주의 치시는 양을 향하여 진노의 연기를 발하시나이까 옛적부터 얻으시고 구속하사…" 그녀는 계속했다. 조금도 주저 없이 그녀는 거의 기계적으로 암송하고, 암송했다. 몇 분 후에 그 아이는 실제로 스물 세 구절이나 되는 그 시편 전체를 끝냈다. 그 방에 있는 모든 사람이 놀랐고 사회자는 비명을 질렀다. "레이첼, 정말 믿기 어려운 일을 해냈습니다! 축하합니다! 오늘 아침 달란트 10만 원은 레이첼 양이 타겠습니다." 레이첼은 공손하게 돈을 받아들고 자기 자리로 돌아갔다.

"다음 주에도 가장 잘 외우는 어린이에게 달란트 10만 원을 주겠습니다." 사회자가 소리쳤다. "누가 레이첼을 이길 수 있는지 봅시다!"

그 시간 끝에 아이들이 '구원 상점'에 가도록 허용되었다. 그것은 사탕과 장난감과 깜찍한 장신구들이 산더미처럼 쌓여 있는 멋진 가게였다. 각 물품마다 달란트로 가격이 뚜렷이 표시되어 있었다. 열광적으로 어린이들이 몰려들어 서로 밀치면서 다채로운 보물들을 달란트로 바꾸기 시작했다.

이 어린이들은 과연 무엇을 배웠을까? 씨 뿌리는 자의 비유가 우리 머리에서 떠나지 않았다. 이 프로그램이 결실을 방해하는 가시떨기의 본보기는 아닌가? 그 의도는 좋았다. 그러나 그 프로그램이 실제로 '물질의 유혹'과 '다른 욕심'을 부추기지 않았는가? 진짜 초점은 무엇이었는가? 이 어린이들이 무엇을 기억할 것인가? 달란트를 향한 열심이 실로 말씀을 질식시킬 것인가?

돈으로 사는 환심

많은 교회들이 소위 청소년들에게 성인 예배 참여를 권장하기 위해 보상과 형벌 제도를 사용한다. 교회 지도자들은 젊은이들이 교회에 출석하여 목사의 설교를 주의 깊게 듣는 습관을 기르기를 원한다.

아리조나(Arizona) 주의 한 교회는 진짜 돈으로 십대들을 유인하는 보상 프로그램을 고안했다. 매주 청소년들에게 빈칸 채우기 설교 학습지가 배부된다. 그들은 목사가 염두에 둔 구체적인 답을 써넣기 위해서 설교를 주의 깊게 들어야 한다. 석 달에 한번씩 학습지를 모아서 채점한다. 적어도 10주치를 완성해서 낸 학생들은 현금 1만 원을 받는다.

이것이 학생들이 하나님의 말씀을 사랑하게 하는 최선의 방법인가? 아니면 이것은 예수님이 경계하신 '다른 욕심'을 자극하는 또 하나의 훼방거리인가? 이런 출석의 대가 지불 프로그램이 정말 하나님이 원하시는 열매를 생산하는가?

많은 교회들이 청소년들의 입교와 세례와 새 신자 반 문제로 씨름한다. 의도는 좋으나 결과는 종종 우리가 가야할 방향을 잃어버리는 경우가 있다. 이런 프로그램들이 적용될 때, 많은 교회 청소년들의 대탈출 현상—신체적인 탈출과 영적인 탈출 둘 다—겪는다. 최근의 한 교파 잡지가 이 현상을 상세히 보도했다. 미네소타 주 스틸워터의 리치 멜하임(Rich Melheim)은 그 잡지사에 다음과 같은 편지를 보냈다.

> 나는 학생들이 돌아오지 않는 이유는 결코 그곳에 없었기 때문으로 추측한다. 그들의 몸은 교회에 있을지 모르나, 그들의 마음과 생각은 다른 곳에 있었다. 우리가 정보보다 신앙 형성에, 학습지의 빈칸 메우기보다 삶 속의 빈

칸 메우기에, 그리고 복음의 요지를 실천하는 사랑의 환경을 만드는 데 집중하지 않는다면, 교회는 계속하여 사분의 삼의 탈락 비율을 피하지 못할 것이다.[1]

뇌물이 지닌 문제점들

교회들이 보상 프로그램을 너무나 오랫동안 사용해 와서 궁극적 효율성이나 학습자들의 장기적 신앙 성장에 방해됨을 의심하는 사람은 거의 없다. 이 프로그램들은 이른바 신성한 지위에 이르렀다. 그 때문에 일부 사람들의 방어적인 태도는 전면전(全面戰)도 불사하겠다는 각오를 보인다. 그러나 우리는 이 예민한 사안을 새로운 시각에서 탐구해 보도록 권한다.

많은 사람들이 '보상'이라고 부르는 것은 사실은 '뇌물'이다. 물론 뇌물은 좋지 않은 단어이나, 앞에 나온 교회 이야기를 묘사하기에 '뇌물'이라는 단어가 더 적절해 보인다. 뇌물은 유인물로 사람들이 보통은 하기 싫어하는 어떤 일을 억지로 하게 하기 위해 제시된다. 뇌물은 훼방거리다. 뇌물을 주는 사람은 이렇게 말한다. "이 유혹적인 상품을 계속 쳐다보면서, 네가 하기 싫어하는 일을 나를 위해 하라."

이것은 바로 심리학자 B. F 스키너(Skinner)가 유행시킨 행동주의 심리학이다. 그는 대개 쥐와 비둘기를 상대로 연구한 다음 그 결과를 사람에게 적용했다. 그의 연구의 중심 사상은 "이것을 하면 너는 저것을 얻을 것이다"였다. 개들은 먹을 것으로 보상함으로써 똑바로 앉도록 훈련할 수 있다. 상자 속에 갇힌 새는 어떤 특정 장소를 쪼면 곡식 낱알이 접시에 떨어지게 함으로써 상자를 쪼도록 훈련될 수 있다. 어린 소녀는 달란트 10만 원으로 성경 본문을 암송하도록 훈련될 수 있다.

스키너의 개념은 널리 수용되었다. "이것을 하라 그러면 너는 저것을 얻을 것이다" 식의 사고는 조련사, 교사, 부모, 고용주, 입법자, 사기꾼들 모두에 의해 실천된다. 설교자는 교인들에게 헌금을 더 많이 하면 더 큰 축복을 받을 것이라고 약속한다. "이것을 하라 그러면 너는 저것을 얻을 것이다." 부모들은 자녀들의 좋은 성적을 위해 돈을, 방 청소를 위해 여분의 TV 시청을, 주일학교 참석을 위해 맥도날드 햄버거를 제시한다. "이것을 하라 그러면 너는 저것을 얻을 것이다."

주일학교 교사들 역시 출석을 위한 금배지, 성경 지참을 위한 책갈피, 학습지 완성을 위한 스티커, 성구암송을 위한 리본, 얌전한 행동을 위한 사탕 등 온갖 뇌물을 제시한다. "이것을 하라 그러면 너는 저것을 얻을 것이다."

그래서 무엇이 문제란 말인가? 이런 것들은 단순히 '긍정적인 강화'가 아닌가? 그러나 씨 뿌리는 자의 비유는 "이것을 하라 그러면 너는 저것을 얻을 것이다"에 대해 우리에게 이렇게 말한다.

사람들은 '이것' 보다 '저것' 에 더 관심을 둔다.

그들은 진짜 중요한 것을 놓치게 된다. 그 비유가 '다른 욕심'으로 말하는 것들은 충분히 무해해 보일 수 있다. 그러나 그것들이 학습자들에게 말씀 자체를 놓치게 한다면, 그것들은 질식시키는 잡초들이 된다. 말씀이 아니라 그 보상들이 초점이 된다.

보상은 씨 뿌리는 자의 비유의 '물질의 유혹'에 대한 경고에 부합한다. 성경의 다른 말씀에서 볼 때, 부 자체가 악은 아니다. 그러나 부가 우리의 우선적인 욕구가 될 때 유혹이 들어온다. 그것은 정말 중요한 것에서 우리의 눈을 떼게 한다. 그 유혹이 가시 잡초가 되어 말씀을 질식시키고 열매를 맺지 못하게 한다.

우리는 교회 사람들이 좋은 의도로 보상이나 뇌물을 사용한다는 것을 안다. 종종 교사들은 말한다. "저는 단지 제가 가르치는 아이들이 말씀을 알기를 바랄 뿐입니다. 그래서 효과적인 방법이 있다면 저는 무엇이라도 하겠어요." 그러나 뇌물이 실제로 효과적인가?

행동주의자들의 입장에서 보면 뇌물은 효과적이다. 당신은 동물이나 인간이나 보상을 받게 함으로써 어떤 일을 하도록 훈련시킬 수 있다. 그러나 그렇게 함으로써 실제로 학습되는 것은 무엇인가? 어떤 열매가 생산되는가? 안타깝게도 행동주의자들도 당신에게 뇌물로 매수된 사람은 단지 뇌물을 위해서만 행동하도록 훈련될 뿐이라고 당신에게 말할 것이다.

이것은 하나님이 원하시는 의로운 열매가 아니다. 하나님은 당신의 자녀들과 깊은 관계를 가지기를 원하신다. 여느 부모와 같이, 그분은 그 관계가 상품에 근거하는 것을 원하지 않으신다. 하나님은 뇌물이 아니라 사랑에 근거하기를 원하신다. 어느 부모도 자녀에게 "매일 아침 제게 돈을 주시면 아버지, 어머니를 너그럽게 봐주겠습니다"와 같은 말을 듣기를 원하지 않는다. 부모들이나 하늘의 아버지는 무조건적인 사랑으로 자녀와의 관계를 원한다. 부모들은 자녀가 "저는 아버지, 어머니를 사랑합니다. 저는 두 분과 영원한 관계를 나누기 원합니다. 저는 보상을 기대하지 않고 그냥 아버지, 어머니를 사랑합니다"라고 말하기를 원한다. 그 보상에 초점을 두는 것은 어린이와의 진정한 관계를 놓치게 한다.

보상은 학습자의 주의를 흩뜨리며 중독될 수 있다. 뇌물은 위험한 마약과 같아서 더 많이 사용하면 할수록 더 많은 보상을 필요로 한다. 교회에서 사용하는 보상 제도들은 농부의 밭의 잡초들처럼 금방 통제 불가능이 될 수 있다.

근시안적인 해결책

뇌물은 확실히 어떤 행동을 유도해 낼 수 있다. 그러나 초점이 뇌물이기 때문에, 그 행동은 오래 가지 않는다. 훈련된 물개에게 더 이상 먹이를 주지 않으면 원하는 행동도 중단된다.

뇌물을 토대로 기독교 교육 프로그램을 운영하는 것은 장기적인 습관을 길러주지 못한다. 그것은 비유가 말하는 '다른 욕심'에 근거한 단기적 반응만 억지로 끌어낼 뿐이다. 그것들이 단기로 그치는 것은 학습 동기가 학습자가 아닌 외부에서 유발되기 때문이다. 이런 것은 외래적인(extrinsic) 동기부여이다.

우리 아들 매트는 현재 항공술에 매우 흥미를 가지고 있다. 그는 비행기와 공항과 항공 교통 관제 절차와 관련된 것이라면 닥치는 대로 읽는다. 그는 아빠의 낡은 항공 지도들을 샅샅이 연구하고 전국을 횡단하는 모의 비행 계획을 세운다. 매트의 모든 관심은 항공에 집중되었다. 그러나 그의 친구 마크(Mark)는 다르다. 마크는 비행기에 전혀 흥미가 없다. 심지어 매트가 컴퓨터 비행 시뮬레이터로 유혹하려고 해도 마크는 하품만 한다.

그런데 만약 과학 교사가 항공술에 대한 단원을 가르친다면, 매트와 마크 중 누가 더 학습을 잘하겠는가? 교사가 항공술과 관련하여 과제를 낸 학생들에게 여분의 점수를 더 준다면(외래적인 동기부여) 어떻게 되겠는가? 누가 더 그 과제를 잘 하려고 하겠는가? 매트는 기꺼이 열심히 관제를 할 것이다. 그것은 그가 점수를 탐해서가 아니라 본래적으로 그것에 대해 흥미를 가지기 때문이다.

본래적인 동기부여가 외래적인 동기부여보다 더 선호되며 더 강력하다. 외래적인 동기부여는 학습자가 상품을 손에 쥘 때까지만 작용한다. 그 후에는 대개 흥미가 증발해 버리고 다시 유발하기 위해서는 또 다른 상품이 요구된다.

흥미를 질식시키는 보상

보상은 흥미를 빼앗고 근시안적일 뿐 아니라, 학습자들이 마땅히 배워야 할 내용에 대한 흥미를 말살할 수도 있다. 이것은 어떻게 일어나는가? 모든 사람이 뇌물의 본질을 안다. 뇌물의 목적은 우리가 하기 싫어하는 것을 하도록 우리를 유인하는 데 있다. 부모는 종종 자녀에게 이렇게 말한다. "네가 이 시금치를 먹으면, 엄마가 맛있는 후식을 줄게." 이런 말을 수년 동안 들은 후, 그 아이는 시금치는 먹기 싫은 것이고 후식은 맛있는 것으로 단정한다.

그래서 이제 누군가가 아이에게 "이것을 하라 그러면 너는 저것을 가질 것이다"라고 말하면, 이미 '이것'은 먹기 싫은 것인 줄을 안다. 그것은 시금치이다. 이것은 바람직하지 못하다. 만약 그것이 후식과 같이 좋은 것이라면 시금치를 먼저 먹도록 요구되지 않을 것이다. 보상은 실제 것의 가치를 하락시킨다.

알피 콘(Alfie Kohn)은 「보상에 의한 형벌」(*Punished by Rewards*)에서 이 주상을 옹호하는 많은 연구 결과들을 보고하고 있다. 한 연구는 학교 어린이들을 대상으로 행하였다. 먼저 어린이들을 두 그룹으로 나눈 다음, 첫째 그룹에게 매직펜으로 그리기 위해서는 크레용으로 먼저 그려야 한다고 말하고, 다른 그룹에게는 그 반대로 말했다. 2주 후 연구원들은 학생들이 어느 쪽이든 그림을 그리기 위해 먼저 해야 할 활동을 탐탁지 않게 여기게 된 것을 발견했다. 첫째 그룹의 아이들은 크레용으로 그리기를 원하지 않았고, 둘째 그룹의 아이들은 매직펜을 기피했다. 뇌물을 얻기 위해 요구된 것이 무엇이든 가치가 떨어졌다.[2]

외래적인 보상은 본래적인 동기부여를 감소시킨다. 만약 주일학교 교사가 어린이에게 상품을 얻기 위해 성경을 배우기를 요구한다면, 그 아이에게 성경은 시금치와 같이 맛이 없는 것이 된다. 우리가 원하는 것이 바로 이것인가?

보상과 속임

보상은 주의를 훼방시킨다. 때로 이 훼방은 너무 강력하여 탐욕과 부정직을 야기할 수 있다. 그것은 비유에 묘사된 '물질의 유혹'이다.

퍼듀 대학교(Purdue University)에서 수행한 한 연구에 따르면, 십대 소년들 중 75퍼센트와 57퍼센트의 소녀들은 운동 경기에서 득점하기 위해 팀원들 반 이상이 속임수를 쓴다고 느꼈다. 흥미로운 점은 코치가 선수들의 속임 여부 결정에 중대한 역할을 한다는 것이다. 소년들의 70퍼센트와 소녀들의 83퍼센트가 그들이 규칙을 지키거나 깨뜨리는 데 있어 코치가 가장 큰 영향을 끼쳤다고 말했다.

연구원 조안 L. 두다(Joan L. Duda)는 "형벌이 사소하고 보상이 클 때, 아이들은 불법적이며 해로운 일들을 행하기가 더 쉽다"고 말했다.[3]

우리는 어린이들과 청소년들이 교회 시상 프로그램에서 단순히 상품을 타는 일시적인 목적을 성취하기 위해 '규칙을 악용하고' 속이는 것을 보았다. 이것은 다시 한 번 씨 뿌리는 자의 비유가 말하는 요지를 강조한다. '다른 욕심'이 말씀을 질식시킬 수 있다.

다음은 우리와 같이 일하는 마이칼 키퍼(Mikal Keefer)의 이야기이다. 그는 교회에서 어린이들을 가르친다.

> 나는 우리 교회의 주일학교 프로그램에서 게임을 인도하고 있었다. 그 게임 가운데 하나는 네 팀의 어린이들이 둥글게 묶은 밧줄을 네 방향에서 잡아당기는 줄다리기였다. 그 어린이들은 이 게임을 매우 심각하게 여기고 각자 힘을 다해 밧줄을 잡아당겼다. 그들은 각 조 뒤에 놓인 모래주머니까지 밧줄을 끌어당겨야 했다. 밧줄을 놓지 않고 모래주머니에 먼저 이르는 조가 이기는 것이었다.
>
> 교회는 상상하는 대로 시끌벅적 요란하였다. 줄다리기를 하는 아이들은 열심히 당기고 남은 아이들은 자기 조를 응원했다.
>
> 경기가 몇 차례 끝났을 때, 한 어린 소년이 계면쩍은 표정을 지으며 나에

게 다가와 말했다. "방금 한 게임은 저희 조가 이긴 게 아니에요. 제가 속였거든요." 나는 어리둥절한 채 아이에게 무슨 뜻인지 물었다. "제가 모래주머니를 잡기는 했지만 그것을 잡으려고 밧줄을 슬쩍 놓았었어요."

나는 몇몇 아이들이 속인다는 것을 알고 있었다. 그러나 나는 75명의 아이들이 법석대는 체육관의 유일한 심판관으로서 규칙을 어기는 현장을 좀처럼 목격하지 못했다. 나는 그 소년이 속이는 것도 보지 못했었다. 다른 사람들 역시 보지 못했다. 그 아이의 솔직한 고백은 그 해에 내가 본 운동가 정신과 그리스도인의 인격에 있어 최고의 모범이었다.

그래서 나는 체육관에 있던 다른 성인 리더들을 포함하여 모든 사람들에게 둥글게 원을 그리며 앉게 했다. 그리고 이렇게 말했다. "여러분, 혹시 어떤 경기를 너무 열심히 하면서 이기려고 최선을 다하다가 규칙을 깨뜨린 적 있습니까? 속이려고 한 것은 아니었지만 그렇게 되는 경우가 있지요. 지금부터 둘씩 짝을 지어 그런 일이 일었던 때를 서로 이야기해 봅시다."

나는 어린이들이 서로 이야기한 후에, 내가 야구 경기를 하다가 홈런을 쳤던 때를 이야기했다. 나는 경기장을 달려서 돌았는데 삼루 베이스를 밟지 않고 그냥 지나쳐 뛰었다. 곧 그것을 밟아야 한다는 것을 기억했으나, 다시 뒤돌아 가고 싶지는 않았다. 그래서 나는 그냥 앞으로 뛰었고 아무도 눈치 채지 못했다. 나는 알고 있었지만 고백하지 않았다.

나는 잠시 전에 있었던 일을 설명하면서, 내가 그 소년의 나이였을 때 너무 두렵고 자존심이 강해서 하지 못했던 일을 용기 있게 한 그 소년에게 큰 박수를 보냈다. 그리고 나서 우리는 게임을 계속했다.

그때 한 교사가 슬며시 내 옆에 와서 말했다, "소년이 너무나 정직했기 때문에 달란트 2만 원을 주면 어떻겠습니까?"

나는 결코 좋은 생각이 아니라고 말했다. 왜냐하면 정직하다고 보상받는 일은 실제 삶에서 좀처럼 일어나지 않기 때문이다. 오히려 정직한 사람들은 더 많은 세금을 낸다. 또 그들은 주운 돈지갑을 주인에게 돌려줄 뿐만 아니라, 이 소년은 이미 훨씬 더 의미 있게 보상을 받았다. 그것은 그리스도를 닮은 행동으로 칭찬 받은 것이다.

나는 어린이들이 줄지어 밖으로 나갈 때까지 순간을 잘 포착하여 아이들에게 가르친 것이 내심 매우 흐뭇해 했다. 그런데 그때 그 소년이 내 옆을 지나갔었다. 그는 빳빳한 달란트 2만 원을 자랑하고 있었다. 나와 이야기했던 그 교사가 외래적인 보상을 베풀고 싶은 유혹을 뿌리치지 못했던 것이다. 그것은 모든 경험을 싸구려로 만들어 버렸다.

이제 우리 어린이들에게 있어 정직은 그리스도를 닮는 것이 아니라 보상을 받게 되는 무엇이다.

그 교사는 좋은 의도를 가졌는가? 그렇다. 그렇다면 그 교사는 그릇되었는가? 물론이다. 완전히 그릇되었다.

실제 세상에서 보상

일부 교회 교사들은 고용의 세계를 넌지시 비춤으로써 보상의 사용을 정당화한다. "보상은 삶의 자연스러운 일부"라고 말한다. "노동자는 하루 임금을 위해 일을 한다." 그것은 사실이다. 그러나 이 원리가 교회에서 학습 가운데 적용될 수 없는 몇 가지 이유가 있다.

첫째, 많은 연구들은 심지어 고용의 세계에서조차 대부분의 사람들이 돈에 의해 그 일을 하도록 동기부여 되지는 않는다는 것을 보여 준다. 그들이 그 일을 하는 것은 임무 완수나 사명, 목적의식, 동료애와 같은 본래적인 동기들 때문이다.

둘째, 하나님과 가까워지는 과정은 고용문제가 아니다. 신앙은 아침 9시에서 저녁 5시까지의 직장 생활이 아니다. 그것은 전능자와의 사랑의 관계이다. 그것을 상품과 봉사의 교환물로 생각하는 것은 그 관계를 천대시하는 것이다.

예수님과 보상

예수님이 외래적인 보상으로 그분의 따르는 자들에게 동기를 부여하셨는가? 예수님은 뇌물을 사용하셨는가? 팔복의 끝 부분에서 그분은 말씀하셨다. "기뻐하고 즐거워하라 하늘에서 너희의 상이 큼이라…"(마 5:12). 그러나 그것이 우리가 방금 논의한 뇌물 "이것을 하라 그러면 성경 돈을 받을 것이다"와 같은 말인가?

예수님이 사람들을 과자로 꾀었는가? 당신은 그분이 다음과 같이 말씀하시는 것을 상상할 수 있는가?

- 네가 남에게 대접을 받고자 하는 대로 남을 대접하면, 너는 알사탕을 얻을 것이다!
- 네가 일흔 번씩 일곱 번 이상 용서하면, 너는 스티커를 얻을 것이다!
- 네가 네 주 하나님을 사랑하면, 너는 리본을 얻을 것이다!
- 네가 네 이웃을 네 몸과 같이 사랑하면, 너는 현금 만 원을 얻을 것이다!
- 네가 내 양을 먹이면, 내가 너를 동물원에 데려 갈 것이다!

그러므로 네가 가서 모든 민족을 가르치면, 너는 초코파이를 얻을 것이다!

예수님은 뇌물을 사용하지 않으셨다. 그럼에도 모든 시대의 사람들은 그 가르침으로 인해 삶을 바꾸는 동기부여가 되었다. 아무튼 그분은 뇌물 프로그램을 의지하지 않고도 위대한 결과를 거두는 씨앗을 뿌리셨다.

사실상 그분의 가르침은 보답을 기대하지 않고, 주는 은혜인 지향적인 개념을 강조했다. 마태복음 5장 43-47절을 보라.

> "또 네 이웃을 사랑하고 네 원수를 미워하라 하였다는 것을 너희가 들었으나 나는 너희에게 이르노니 너희 원수를 사랑하며 너희를 핍박하는 자를 위하여 기도하라 이같이 한즉 하늘에 계신 너희 아버지의 아들이 되리니 이는 하나님이 그 해를 악인과 선인에게 비취게 하시며 비를 의로운 자와 불의한 자에게 내리우심이니라 너희가 너희를 사랑하는 자를 사랑하면 무슨 상이 있으리요 세리도 이같이 아니하느냐 또 너희가 너희 형제에게만 문안하면 남보다 더 하는 것이 무엇이냐 이방인들도 이같이 아니하느냐"

예수님은 우리에게 아무 보상을 바라지말고 주라고 말씀하신다. 우리의 보상은 이 땅의 것이 아니다.

"무슨 일을 하든지 마음을 다하여 주께 하듯 하고 사람에게 하듯 하지 말라 이는 유업의 상을 주께 받을 줄 앎이니…"(골 3:23-24)라고 골로새서 저자는 말한다. 많은 사람들은 '상'(償)에 초점을 맞추고, 이것을 봉사에 대한 일종의 보상으로 간주한다. 그러나 실제로 강조는 상이 아니라 유업에 있다.

「교회 매각」(Selling Out the Church)의 저자들인 필립 케네슨(Philip Kenneson)과 제임스 스트릿(James Street)은 설명한다. "대부분의 우리는 유업이 수고해서 얻는 보상이라기보다 값없이 주는 선물에 더 가깝다는 것을 안다. 이는 우리가 우리의 가족을 선택할 수 있었던 것이 아니기 때문이다. 유사하게 하나님이 우리에게 은혜로 새 생명을 주시고, 우리를 하나님의 가족으로 입양하셨다면, 그 특권에 수반되는 유업은 우리의 타고난 권리라기보다 값없이 주어진 선물이다."[4]

보상을 넘어

선한 의도를 가진 교회 사람들은 학습자들에게 선물을 주기를 좋아한다. 보상이 그토록 흔하게 된 데는 원인이 있다. 주는 것은 재미있고 많은 경우에 학습자들에게 선물을 주는 것은 매우 적절하다.

우리는 어떻게 보상 잡초를 번성시키지 않으면서 선물을 줄 수 있는가? 앞에서 인용한 골로새서 구절은 우리에게 그 지침을 제공한다. 선물을 좀더 유업과 같이 취급하는 것이다. 그것은 "이것을 하라 그러면 너는 저것을 얻을 것이다"의 오점을 제거한다. 보상이라는 훼방거리로 학습자들을 매수하는 일을 피하라. 그러나 학습자들과 함께 축하하는 기회를 가지라.

때때로 당신의 학습자들을 간식이나 선물로 놀라게 하라. 그것을 상이나 벌 보다 뜻밖의 보너스로 만들라. 스키너의 행동주의 심리학보다 성경적인 은혜 개념에 초점을 두라.

외래적인 동기부여에서 본래적인 동기부여로 옮겨가라. 당신의 접근법을 재정비하여 학습자들로 하여금 교회에 오기를 원하고, 배우기를 원하고, 그들이 당신을 떠난 후에도 계속하여 배우며 자라기를 소원하고, 하나님의 말씀을 일생 동안 사모하게 하라. 이 모든 것을 조금의 뇌물도 의지하지 않고 행하라. 우리는 다음 두 장에서 이것을 성취하기 위한 몇 가지 전략을 살펴볼 것이다.

경쟁: 퀴즈 게임을 위한 트로피들

일부 교회들은 이른바 성경퀴즈를 둘러싸고 경쟁과 시상의 정교한 체계를 마련하였다. 청소년과 어린이들이 조 대항 또는 교회 대항 퀴즈 대회들을 준비하기 위해 열심히 성경을 읽는다. 우승팀은 트로피를 받고 결승전에 진출할 기회를 얻는다.

우리는 콜로라도(Colorado)에서 이런 경쟁 중 하나를 지켜보았다. 네 명의 중학생들을 한 팀으로 한 여러 출전팀들이 부저(buzzer) 위에 손을 얹고 앉아 있었다. 사회자가 매우 심각한 음성으로 구약성경과 관련된 세밀한 질문들을 읽었다.

"바로에게 재앙이 내렸을 때, 우박에 의해 상하지 않는 곡물은 무엇인가? 1) 밀과 보리, 2) 보리와 삼, 3) 밀과 나맥, 4) 보리와 나맥."

아이들은 이마를 찌푸렸다. 한 여학생이 마침내 부저를 누르고 "밀과 나맥"이라고 답했다. 그것이 정답이었고 결국 여학생의 팀이 우승했다. 우리는 후에 그녀에게 밀과 나맥 질문이 어떤 의미를 가지는지 물어보았다. "그냥 재앙 중 하나지요 뭐. 하나님 말씀이란 점 외에 그것은 저에게 별로 의미가 없어요." 그녀는 말했다.

"학생은 이제 이런 지식을 어떻게 사용할 건가요?" 우리가 물었다.

"잘 모르겠어요." 그녀가 대답했다.

우리는 대회가 끝난 후에 이긴 팀과 진 팀들을 지켜보았다. 상당히 잘 했으나 우승을 하지 못한 한 여학생이 눈에 띄었다. 그녀는 아버지에게로 달려가서 울음을 터뜨렸다. "미안해요. 미안해요." 그녀가 흐느꼈다. "오지 않았더라면 더 좋았을 거예요! 나는 너무 못해요."

이것이 성경퀴즈 세계다. 이것이 실로 학습자들의 시간을 최선으로 사용하는 방법인가?

다시 한 번 이런 활동들을 계획하고 주관하는 교회 지도자들은 매우 선한 의도를 가지고 있다. 그들은 아이들을 소위 경쟁의 스릴에 참여하게 함으로써 성경공부를 장려하려고 한다. 그리고 이 활동들은 너무나 오랫동안 해왔기에 그 활동의 타당성을 의심하는 사람도 없다. 이제 그것을 좀 더 자세히 살펴볼 때가 되었다.

여기에 숨겨진 교과 과정은 무엇인가? 실제로 전달되는 메시지는 무엇인가? 우리는 여기서 많은 훼방의 요소들을 본다.

- **퀴즈 대회에 대한 강조.** 주최자들은 승부 겨루기를 어렵게 하기 위해 잘 알려져 있지 않은 성경 사실들을 중심으로 문제들을 만든다. 그들은 예수님의 가장 큰 두 계명과 같이 보다 크고 중요한 문제들은 포함시키지 못한다. 너무 많은 학생들이 그 답을 알기 때문이다. 그래서 퀴즈 대회는 대개 밀과 나맥과 같은 것들에 집중하는 경향이 있다. 그것은 메시지를 어떤 학생들에게 보내는가? 퀴즈 프로 사회자가 사소한 것들에 치중하는 것은 성경이 퀴즈 대회를 위한 백과사전으로 적격이란 인상을 주지 않는가? 이것은 성경이 이해할 만한 것이 아니라 잠시 암기하고 잊어버려도 되는 것이란 편견을 영속시키지 않는가?
- **뇌물에 대한 강조.** 그 미끼들은 트로피와 일시적인 명성과 결승전 진출이다. 이

아이들이 말씀을 사랑하는 것을 배우는가 아니면 상을 탐내기를 배우는가?
- **염려의 압력솥.** 성경퀴즈 대회의 분위기는 종종 긴장과 초조의 압력솥이다. 경쟁자들이 자리를 잡고 앉으면 그들의 얼굴에서 미소가 사라진다. 대회란 심각한 것이다. 그 퀴즈 사회자는 밀과 나맥 및 집중적인 문제들에 대해 알기를 원한다. 다시 우리가 씨 뿌리는 자의 비유로 돌아가 보자. 그들은 "말씀을 들으나, 세상의 염려가… 말씀을 막는다." 이런 식의 경쟁은 염려를 증대시킨다. 그것이 말씀의 결실에 어떤 기여를 하는가?
- **적대적 관계.** 성경퀴즈는 경쟁을 축으로 회전한다. 그리고 경쟁은 승자와 패자를 낳는다. 이 구조는 어쩔 수 없이 팀들을 서로 적대적으로 만든다. 성경지식으로 말하자면 A조는 B조가 잘 모르기를 바라고 기도한다. A조의 기쁨은 B조의 실패와 일치한다. 누군가가 하나님의 말씀을 더 모르기를 바라는 것이 실로 교회의 바른 모습인가?

이 요소들을 좀더 자세히 살펴보기로 하자.

중요하지 않은 것을 위한 유인물

경쟁적인 성경공부 활동들은 쉽게 측정될 수 있는 것들에 집중한다. 그것이 성경퀴즈 대회건 암송대회건 성경빨리찾기 대회건, 그 기준은 구체적으로 판단될 수 있는 것이어야 한다. 그것은 성격상, 해석적 사고나 삶의 적용을 요구할 수 있는 폭넓은 질문들을 배제한다.

경쟁의 규칙들은 대개 사소한 것들을 이 잡듯이 뒤지기를 요구한다. 밀과 나맥이 그 예이다. 경쟁자들은 성경암송 대회에서 "가라사대"로 말해야 할 것을 "가로되"로 말하면 경쟁에서 질 수도 있다. 상은 말씀을 이해하고 그들의 삶에 적용한 사람에게 가는 것이 아니라 사소한 것들을 잘 기억하는 사람에게로 간다. 그런 강조에서 어린이들이 배우는 것은 무엇인가?

예수님은 어떻게 가르치셨는지를 보라. 그분은 얼마나 많은 시간을 그분의 제자들에게 사소한 것들을 암기하는 데 사용하셨는가? 그분이 "자, 여러분, 이스라엘 12지파의 이름을 제일 먼저 말하는 사람이 낙타 안장을 타겠습니다"와 같은 말을 하신 적이 있는가? 없다. 예수님은 하찮은 사실들에 시간을 소비하지 않으셨다. 예수님은 자신의 사명을 감당하는 것이 훨씬 더 시급한 것이었다. 예수님과 사람들 또한 하나님과의 사랑의 관계로 인도하는 씨앗을 심어 열매를 맺도록 시간을 전적으로 투자하셨다.

우리의 사명은 그보다 덜 시급한가? 우리는 아무리 측정하기 쉽더라도 과연 사소한 사실들을 쫓아 갈 시간이 있는가?

세상의 염려

경쟁적인 성경공부는 긴장과 염려를 낳는다. 긴장과 염려는 주의를 혼란스럽게 하고 긍정적인 학습을 방해한다. 이런 염려는 시험을 앞둔 학생들이 가지는 불안과 유사하다. 어떤 사람들은 시험을 치를 때 정신적으로 무력해진다. 염려 때문에 충분히 실력을 발휘하지 못한다. 다니엘 골만(Daniel Goleman)은 「감정 지능」에서 염려에 대해 조사한 것을 말한다.

사람들이 시험을 치를 때 말하는 염려의 숫자는 그 시험을 얼마나 잘못 치를지를 직접적으로 예고한다.[5]

하나의 인지적 과제, 즉 염려하기에 소모하는 심적 자원은 다른 정보를 처리하는 데 이용될 수 있는 자원을 감소시킨다. 만약 우리가 시험에 낙제할 것이란 염려에 사로잡혀 있다면, 그 만큼 우리는 정답을 알아내는 일에 집중하지 못한다. 우리의 염려는 예언한 대로 성취되는 예언들로서, 바로 그 재앙 쪽으로 우리를 몰고 간다.[6]

오늘날 연구원들은 염려가 학습에 미치는 불리한 영향을 발견하고 있다. 그러나 예수님은 이미 이 현상을 씨 뿌리는 자의 비유에서 명백히 밝히셨다. "세상의 염려가…말씀을 막아." 경쟁으로 인한 염려는 좋은 식물의 성장을 저해하는 가시떨기 잡초이다. 교회에서 우리는 염려를 만들어내는 경쟁적 체계를 야기시킬 필요가 없다.

> "염려는 다른 사람들을 이기는 데서, 자기 확인을 하는 양식 속에 들어 있는 대인관계에서의 고립과 다른 사람들로부터의 소외에서 생겨난다."
> - 롤로 메이(Rollo May), 정신분석학자

실패자를 찾음

경쟁 활동이 가지고 있는 핵심 문제는, 경쟁의 성격상 실패자를 요구한다는 점이다. 교육자 알피 콘은 그의 책 「경쟁 금물」(No Contest)에서 이렇게 말한다. "어떤 활동이 구조적으로 경쟁적이라고 말하는 것은 경쟁의 특징이 소위 상호 배타적으로 목적을 달성한다고 말하는 것이다…이것은 간단히 말해, '나의 성공은 너의 실패를 필요로 한다'를 의미한다."[7]

잠시 이 점을 생각해 보자. 만약 내가 바둑 게임을 경쟁하기를 원한다면 나는 당신이 필요로 한다. 만약 내가 잘 하기를 원한다면 나의 목표는 이기는 것이다. 그런데 내가 이기려면 당신이 지는 게 필요하다. 당신이 실패하지 않으면 나는 성공할 수 없다. 나의 기쁨은 너의 아픔에 달려 있다.

만약 네가 성경퀴즈 게임을 하기를 원한다면 너는 나를 필요로 한다. 만약 네가 교회에서 상을 받기를 원한다면 너의 목표는 이기는 것이다. 만약 네가 이기기를 원한다면, 너는 내가 성경의 사실들에 대해 너보다 적게 아는 것을 필요로 한다. 내가 실수하지 않으면 너는 이길 수 없다. 너의 승리는 나의 패배에 달려 있다.

이것이 교회에서 학습을 위한 최선의 방법인가? 우리가 실패자를 요구하는 학습 체계를 옹호해야만 하는가? 실제로 우리가 어떤 중요한 메시지를 보내고 있는가?

1996년 7월 19-21일자 〈USA 투데이〉 지에 다음과 같은 짧은 뉴스가 났었다.

성경 대회에서 살인 사건 발생 - 알라바마 대드빌(Dadeville, Ala.). 경찰은 성경퀴즈대회에서 진 사람이 화가 나 이긴 사람을 죽였다고 말했다. 가블 테일러(38세)는 얼굴에 총을 한 방 맞고 숨졌다. 혐의자의 이름은 공개되지 않았다.

물론 이것은 극단적인 예이다. 그러나 이것은 많은 교회들의 경쟁적인 성경 활동들 속에 존재하는 바로 그 동일한 경쟁적 긴장의 극단이다. 만약 당신이 성경암송대회나 성경퀴즈대회를 개최한다면, 당신의 경쟁자들이 서로 총을 쉽게 쏘지는 않을 것이다. 그러나 패배자는 승리자들에게 쉽게 적대적인 감정을 느낄 것이다. 그렇다면 교회가 성경 지식과 영적 성장을 추구함에 있어 다른 그리스도인들에게 적대감을 야기시키는 활동을 사용해야만 하는가?

> "각각 자기의 일을 살피라 그리하면 자랑할 것이 자기에게만 있고 남에게는 있지 아니하리니 각각 자기의 짐을 질 것임이니라."
>
> - 갈라디아서 6:4-5

삶의 자연스러운 일부

많은 교회는 경쟁이란 단순히 삶의 일부라고 주장함으로써 경쟁적인 성경 활동들을 묶인한다. "경쟁이 없는 데가 어디 있는가!" 그들은 말한다. 그것은 사실이다. 우리 사회에서 경쟁은 널리 퍼져 있다. 우리는 스포츠, 직장, 고속도로, 정치계 그리고 우리의 학교에서 경쟁을 본다.

학교들은 경쟁을 이상한 높이까지 올렸다. 예를 들어, 종 모양 곡선 도표를 보라. 이 평가 체계는 학생들을 종 모양 곡선 위에 놓는다. 그것은 대부분의 학생들이 중간에 '평균 수준' 해당될 것을 요구한다. 그것은 또 몇몇 학생들이 높은 성적을 받을 것을 요구한다. 그리고 몇몇 학생들을 낙오자로 정한다. 학급의 성적기록은 대부분의 학생들이 B와 C를 받고, 몇 명이 A를,

몇 명이 D와 F를 받는 것을 보여 준다. 이 체계는 학생 대 학생이 서로 대결하는 경쟁에 의존한다. 그것은 모든 경쟁에서와 같이 실패자를 요구한다. 만약 학습이 목적이라면 몇몇 사람들이 실패하는 것이 왜 필요한가?

그러나 교회의 경쟁 열광자들은 공립학교와 세속 사회를 모방하는 것을 불가항력적인 일로 본다. 그들은 말한다. "아이들이 바깥 세상에 나가면 경쟁을 해야 하는데 차라리 교회에서 대처하는 법을 배우는 것이 낫다." 사람들에게 다른 사람을 어떻게 이길 수 있는 지를 가르치는 것이 실로 기독교 교육 프로그램의 진정한 목적인가?

> 경쟁이 어린이들의 학습에 필요하고 유용하다는 생각은 "아시다시피, 우리 주변 환경에는 많은 발암물질이 있으니, 가능한 한 어릴 때에 아이들을 그런 물질에 빨리 노출시키는 것이 낫다"고 어처구니없이 말하는 것과 똑같다.
> - 알피 콘, 「경쟁 금물」

그렇다. 경쟁은 우리 사회에 존재하지만 모든 것을 교회에서 학습의 방법으로 채택할 필요는 없다. 우리는 믿음의 씨앗을 심으려 한다. 우리의 목적은 그 씨앗들이 싹을 틔우고 자라서 열매를 맺는 것을 보는 데 있다. 이것은 게임이 아니다. 우리 중 몇 사람은 반드시 실패해야 한다는 전제 조건을 가지고 씨 뿌리기에 임할 필요는 없다. 그렇다. 몇몇 사람들은 구원을 놓칠 것이다. 그러나 경쟁적인 스포츠의 비유는 하나님의 세계에 대한 하나님의 계획과 어울리지 않는다. 베드로후서 3장 9절은 말한다. "…(하나님은) 오직 너희를 대하여 오래 참으사 아무도 멸망치 않고 다 회개하기에 이르기를 원하시느니라." 그분은 아무도 실패하기를 원하지 않으신다.

성경과 경쟁

사도 바울은 고린도전서 9장 24-27절에서 경주 은유를 사용한다. 그리고 신구약 성경 저자들은 전쟁과 싸움의 은유를 사용한다. 그러나 어느 말씀에서도 우리에게 경쟁적인 성경 학습 활동을 추구하라고 가리키는가? 하나님의 말씀의 전체 강조가 주님과 우리의 관계가 경쟁적인 체계 위에 기초해야 함을 가리키는가? 몇 가지 증거를 살펴보자.

경쟁은 말한다	하나님의 말씀은 말한다
"다른 사람들은 나의 성공에 장애물이다."	"몸 가운데서 분쟁이 없고 오직 여러 지체가 서로 같이 하여 돌아보게 하셨으니"(고전 12:25).
"내가 충분히 잘하면, 나는 상을 탈 것이다."	"너희가 그 은혜를 인하여 믿음으로 말미암아 구원을 얻었나니 이것이 너희에게서 난 것이 아니요 하나님의 선물이라 행위에서 난 것이 아니니 이는 누구든지 자랑치 못하게 함이니라"(엡 2:8~9).
"만약 내가 꼴찌이면, 나는 실패자이다."	"…아무든지 첫째가 되고자 하면 뭇사람의 끝이 되며 뭇사람을 섬기는 자가 되어야 하리라"(막 9:35).

경쟁의 자리

학습자들에게 하나님의 말씀을 연구하고 그들이 하나님과 더 가까워지게 하기 위해 경쟁을 사용하는 것은 정당화하기 어렵다. 그러나 경쟁이 모든 곳에서 회피되어야 한다는 뜻은 아니다.

재미를 위해 하는 몇몇 게임들은 교회에서 어린이와 청소년뿐만 아니라 성인들에게도 효과적으로 사용될 수 있다. 만약 그 목적이 즐거움과 친목 도모에 있고, 참여자들 역시 그 목적이 재미란 것을 알고 있다면, 이런 경쟁적 게임들은 유용할 수 있다. 친교를 목적으로 교회의 소프트볼 경기는 선수들이 그 목적을 바로 기억하고 있다면 그 목적 달성에 매우 효과적으로 기여할 수 있다.

교회 생활에서 경쟁적 게임들이 수용할 수 있는 곳이 있다. 그러나 영적 성장을 경쟁적 게임으로 만드는 것은 위험한 일이다. 그 차이는 어디에 있는가? 그것은 목적의 문제이다.

만약 우리가 가족끼리 모노폴리(Monopoly, 일종의 땅따먹기 게임; 역주) 게임을 한다면, 그것은 즐거운 저녁시간을 보낼 수 있다. 그러나 만약 가족이 식사할 때, 우리는 우리 가족 중 누가 먹고 누가 굶는지 보기 위해 경쟁하기를 원치 않는다.

생명의 떡과 관련해서도 이것은 동일하다. 누가 가장 많은 영적 양식을 먹는가 보기 위해 경쟁을 사용하는 것은 위험한 일이다. 그것은 우리에게 찰스 다윈(Charles Darwin)의 적자생존 이론을 너무 많이 상기시킨다.

경쟁에서 협동으로

기독교 교육에서 경쟁이 위험하다면 다른 대안이 있는가? 바로 '협동'이다. 학습자들을 서로 대치시켜서 동기를 부여하기보다, 그들이 서로 협동함으로써 학습을 하게 하는 것이다.

경쟁과 협동에서 작용하는 동기부여 요소들을 살펴보자. 경쟁의 주된 동기부여 요소는 승리에 대한 호소와 패배에 대한 두려움이다. 협동에서 주된 동기부여 요소는 각자 맡은 부분에 대한 책임의식과 다른 사람들이 나에게 의존한다는 것을 아는 것이다.

이 차이는 현저하다. 교회에 대해 생각해 보라. 교회는 각 사람이 서로 다른 사람들을 정복하는 곳으로 만들어지지 않았다. 교회는 사람들이 서로 돕고 의지하는 공동체로 설계되었다. 고린도전서 12장에서는 그것을 몸으로 예시한다. 경쟁적인 환경에서 당신에게 거는 기대는 다만 당신이 실패하는 것을 보는 것 뿐이다.

캘리포니아에서 어린이 사역을 하는 수잔 그로버(Susan Grover)는 착하고 친절한 마음을 가진 어린 소년 조슈아(Joshua)에 대해 이야기한다. 조슈아는 전에 다니던 교회에서 친구들과 좀처럼 어울리지 못했다. 조슈아는 교회의 인기 있는 경쟁과 보상 프로그램에 참여하기 싫어해서 늘 고독한 아이로 알려졌다. 마침내 그의 부모는 다른 일을 시도하기로 결정했다. 그들은 조슈아를 수잔의 교회로 데려 왔다. 여기서 조슈아는 무슨 일이나 열심히 참여하고, 많은 친구들을 가진 사교적인 어린이로 변화되었다. 무엇 때문에 이런 결과를 얻었는가? 조슈아의 부모는 그 이유를 수잔이 다니는 교회의 협동적인 분위기로 돌린다. 어린이들이 공통적인 학습 목표를 위해 서로 협동하도록 격려된다. 아이들은 소그룹 속에서 신앙에 대해 이야기하며 서로를 위해 기도한다. 그들은 다른 아이들이 잘 하는 것을 보기 원한다.

이제는 많은 교회들이 사고방식을 경쟁에서 협동으로 바꾸어야 할 때이다. 이것은 모든 시합을 포기하라는 것이 아니다. 협동은 경쟁처럼 자극적으로 사용될 수 있으나 불미한 부작용을 낳지 않는다. 승리자와 실패자를 만들지 않으면서도 성경암송을 장려할 수 있다. 협동적 활동들은 「재미있는 성경암송」(Making Scripture Memory Fun) 책에 잘 설명되어 있다.

그리고 게임을 통해서 협동을 유도할 수 있다. 여러 경쟁적인 게임을 협동적인 것으로 바꾸어 사용할 수 있다. 예를 들어 '가위 바위 보' 게임을 보자. 경쟁을 일으키는 게임으로 보면, 참여자들은 상대편의 손보다 재빨리 다른 것으로 바꾸어 내서 이겨야 한다. 바위는 가위를 찌그러뜨리고, 종이는 바위를 싸고, 가위는 종이를 자른다. 그러나 이 게임을 약간의 변형시켜서 매우 재미있는 협동적인 게임으로 만들 수 있다. 이 게임은 단순히 참가자들이 상대방과 똑같은 것을 내어야 하는 것이다. 우리는 모든 연령의 사람들에게 이 게임을 사용해 보았다. 언제나 많은 웃음과 즐거움이 뒤따랐다. 그리고 모든 사람이 승리자였다.

장기적 영향

7장에서 논의한 기독교 교육의 보상과 뇌물과 경쟁에 대해서 요약하기 위해서 이런 접근법들이 지닌 장기적 영향을 검토해 볼 필요가 있다. 우리는 확실히 긍정적으로 보이는 단기 효과를 일부 볼 수 있다. 학습자들은 성구를 암송하거나 경쟁자들과 경쟁하여 답을 찾기 위해 성경을 뒤질 수 있다. 그러나 그런 결과들은 대개 일시적이다. 학습자들은 그런 자료를 장기적인 기억으로 도약하지 못하고 재빨리 잊어버린다.

외래적인 보상과 뇌물과 경쟁에 근거한 프로그램들이 장기적 기억에 저장되는 것은 어떤 것인가? 그것은 종종 정복과 실패와 상품 추구의 강렬한 감정과 연결된 경험들이다. 이런 감정들은 씨 뿌리는 자의 비유에 설명된 것처럼 말씀을 질식시킬 수 있다.

이런 좋은 의도로 시작한 프로그램들이 주는 손해는 불행하게도 오래 지속될 수 있다. 농부 버드 씨는 잡초가 끼치는 장기적이고도 부정적 영향을 알고 있다. "여기에 널려 있는 많은 잡초 씨앗들은 20년 동안 땅 속에 가만히 있다가 갑자기 튀어나와 밭 전체를 정복할 수 있다. 우리는 결코 경계를 게을리 할 수 없다."

> "학생에게 배우고자 하는 동기를 불어넣어 주지 않고 가르치려는 선생은 차가운 쇠를 망치로 두드리고 있는 것과 같다."
>
> - 호레이스 만(Horace Mann)

제8장　본래적 동기부여를 통한 평생 학습

> 전체 접근법이 그들의 유익과 흥미와
> 학습 유형과 주의 집중력과 조화를 이룬다면
> 학습자들이 보다 많은 관심을 보일 것은 분명하다.

"학교와 인생에서 주는 가장 중요한 동기는 일에 대한 기쁨과 결과에 대한 즐거움과 공동체에 기여하는 그 결과의 가치를 아는 것이다. 나는 방학보다 학교에 가는 시간을 더 좋아했던 어린이들을 알고 있다."
- 알버트 아인슈타인(Albert Einstein)

펜실베니아의 한 교회에서 교육을 담당하고 있는 밥(Bod)은 어린이들에게 성경 66권의 책이름을 암기하도록 동기부여할 멋진 방법을 생각해 냈다. 그는 요란한 광고와 더불어, 100명의 어린이들에게 성경의 책이름을 모두 암기하면, 머리를 빡빡 깎겠다고 광고했다. 밥은 그의 교회에서 어린이들과 장년들에게 인기가 있었기 때문에 자신의 계획은 성공할 것이라고 굳게 확신했다.

이 행사는 광고가 잘 되었으나 매우 느리게 시작되었다. 첫 번째 마감일까지 단지 5명의 어린이만이 암기했다. 그래서 밥은 너그럽게 마감일을 연기하고 학생들의 기대를 증가시키기 위해 머리카락을 조금 더 길렀다. 그는 커다란 온도계를 만들어 복도에 세웠다. 보다 많은 어린이들의 참여를 유도하기 위함이었다. 그러나 얼마의 시간이 지난 후에도 여전히 그 복도 온도계는 단지 소수의 아이들만이 성경의 책이름을 암기했음을 보여 주었다.

100명의 어린이들에 대한 밥의 꿈은 실현되지 않고 있었다. 대부분의 어린이들은 단순히 그 행사에 흥미가 없었다. 그래서 밥은 성인들에게로 눈을 돌렸다. 그는 성인들에게 동기부여해서 성경의 책이름을 암기하게 하고자 했다. 그는 두 명의 성인 그것을 다 암기할 때마다 백 명 목표를 향하여 눈금이 하나씩 더 올라갈 것을 광고했다. 사실 그는 성인 한 명을 눈금 하나로 하면 그 목표가 너무 쉽게 달성될 것을 두려워했다.

그러나 그것을 염려할 필요가 없었다. 성인들은 어린이들보다 흥미를 더 보이지 않았다. 온도계 눈금은 계속해서 한랭한 기온에서 떨고 있었다.

마침내 밥은 새로운 마감일을 정하고, 회중에게 카메라를 가지고 와서 삭발 사건을 사진으로 찍도록 광고했다. 그 정한 주일날 아침 부모들이 카메라를 가지고 왔으나, 온도계는 조금도 움직이지 않았다. 어린이들은 뒤에 앉아 눈만 멀뚱거렸다.

그러나 밥은 어쨌건 자신의 머리를 깎았다. 마지막 머리카락이 바닥에 떨어졌을 때, 그는 또 다른 방법을 발표했다. "누구든지 신약의 책이름만이라도 암기하는 어린이에게는 알사탕을 줄 것이다."

배울 준비가 되었을 때 배움

밥은 선한 의도를 가진 좋은 사람이다. 그는 머리카락이 있는 모습이 더 보기 좋다. 그런데 여기서 무슨 일이 일어났는가? 왜 그는 어린이들에게 동기를 부여할 수 없었는가? 밥은 학습자들이 동기부여 되는 것에 대해 매우 흔하면서도 잘못된 가정을 했다. 그는 학습자들이 하기 싫어하는 것을 동기부여할 수 있다고 생각했다.

사실 우리는 학습자들에게 동기를 부여할 수 없다. 단순히 그들에게 스스로 동기를 찾도록 영향을 미칠 뿐이다. 우리의 일은 아이들이 본래 가지고 있는 동기를 부여하기 위한 환경을 만드는 것이다. 다른 사람들에게 억지로 동기를 부여하려는 시도는 장기적인 효과를 내지 못한다.

밥의 교회 대부분의 어린이들은 성경의 66권의 이름들을 알아야 할 본래적인 동기를 느끼지 못했다. 그들은 그 암기 훈련에서 아무런 가치를 발견하지 못했다. 그리고 암기 시험의 교환으로 다른 사람의 머리를 깎는 것을 보는 것은 아이들의 삶과 별로 상관이 없었다. 그 과제를 완수한 어린이들조차, 만약 그들의 동기가 성경의 책이름을 아는 가치보다 밥의 대머리에 초점이 더 있었다면, 그들이 성경의 목차를 장기적으로 기억하기는 어려울 것이다. 씨 뿌리는 자의 비유가 말하는 대로 그들은 '다른 욕심'을 가졌기 때문이다.

보상과 뇌물과 대머리 교사는 학습자들에게 학습에 대한 동기를 부여하지 못한다. 그럼 무엇을 통해 동기를 부여할 수 있는가? 본래적인 동기 즉 스스로 변화와 성장을 추구하려는 욕구만이 그렇게 한다.

당신 자신에 대해 잠시 생각해 보자. 당신이 좋아하는 일, 정말 탁월하게 잘 하는 일은 무엇인가? 혹 그것은 요리나 자전거 타기나 만담이나 핵물리학일 수 있다. 당신은 어떻게 그것을 잘 하게 되었는가? 누군가가 계속적으로 당신이 그것을 하도록 싸구려 상품으로 당신의 주의를 끌었기 때문인가? 분명 그렇지 않을 것이다. 당신은 스스로 호기심을 만족시키고, 자신의 관심사에 입각해 행동한다. 또한 실제 생활에서 당신의 기술을 사용하는 즐거움을 경험하고, 당신을 매료시키는 것을 배워 순수한 기쁨을 누리길 원했기 때문에 당신은 보다 높은 목표를 달성했다.

그것이 본래적인 동기부여이다. 그리고 그것은 어떤 외래적인 동기들보다 강력하고 더 오래 지속된다.

시카고 대학의 심리학자 미할리 치첸트미할리(Mihaly Csikszentmihalyi)는 18년 동안 미대를 졸업한 200명의 학생들의 향후를 추적했다. 그림을 그리면서 얻는 기쁨을 순수하게 추구한 학생들은 계속하여 진지한 화가가 되었다. 그러나 미대에서 명성이나 부에 대한 욕구로 그림을 그린 학생들은 졸업 후에 미술 분야에서 떠난 것을 발견했다.[1]

본래 하고자 하는 욕구가 있는 자에게 동기가 부여되었다면 그들은 학습에 몰두한다. 이것은 그들의 준비성 때문이다. 그들이 지루하지도 염려스럽지도 않을 때 가장 잘 배울 준비가 된다.

어떤 외부적 압력도 지루한 머릿속에 장기적 기억으로 학습을 밀어 넣을 수 없다. 당신이 가르치고, 또 가르칠지라도, 만약 학생들이 그 주제나 당신의 교수 방식을 지루하게 여긴다면, 당신은 시간을 허비하고 있는 것이다. 그들은 배우고 있지 않다.

씨 뿌리는 자의 비유와 이 책의 바로 앞장이 보여 주는 대로, 염려와 걱정은 "말씀을 막아 결실치 못하게" 하는 경향이 있다. 학습자들에게 억지로 경쟁에서 이기게 하는 것이나 창피로 그들을 위협하는 것은 장기적 열매를 산출하지 못한다.

사람들은 본래적으로 동기부여 되었을 때, 그들이 배우기를 원할 때 가장 잘 배운다. 그렇다면 우리는 어떻게 자발적으로 동기부여를 할 수 있는가? 우리가 진정한 학습으로 명확히 밝힌 그 접근법은 본래적 동기부여에 기초한다. 진정한 학습의 특징들은 학습자들에게 배우고자 하도록 만드는 것이다.

진정한을 다른 말로 하면 실제적(real)이다. REAL을 머리글자로 사용해 진정한 학습의 일부 특징을 살펴보기로 하자.

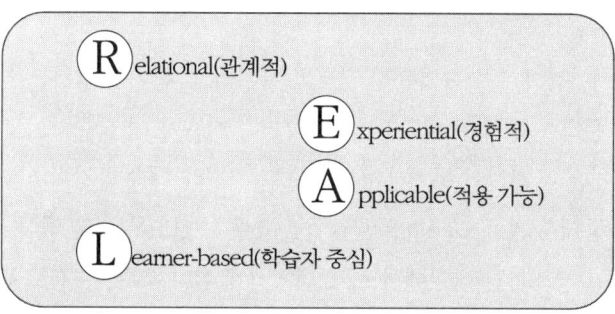

관계적

어린이 주일학교에서 가장 흔하게 사용되는 말은 무엇인가? 그것은 아마 "쉬-"일 것이다. 우리는 공과시간에 일부 교사들이 이 성가신 말을 어린이들과의 대화 가운데 놀라울 만치 많은 부분을 차지하는 것을 발견했다. 그 이유는 무엇인가? 교사들은 수업의 성공 여부가 학생들의 침묵에 달려있다고 생각하기 때문이다.

수많은 학생들은 말하는 것이 나쁜 행동이라는 메시지를 교회에서 받는다. 거듭 해서 그들은 친구들과 말한 것으로 꾸중을 듣는다. 심지어 그들끼리 성경 내용을 토론하고 있을 때에도 마찬가지이다. 여기에 숨은 교훈은 무엇인가? 우리는 누군가 하나님의 말씀을 말할 때는 학생들은 무조건 귀기울여 들어야 하며, 신앙의 성숙은 강사의 강연 주제일 뿐이라고 듣는 것을 걱정한다. 대부분의 사람들이 동년배들과 신앙을 토론하는 것을 어렵게 느끼는 것도 당연하다. 그들은 교회에서조차 그렇게 하지 못하도록 배웠기 때문이다.

왜 교사들은 그 많은 말을 혼자 다 하려고 하는가? 그것은 대개 통제 문제다. 학생들은 교사의 주요 역할을 감시인이나 동물원 사육사로 생각한다. 만약 교회의 한 지도자가 교실을 방문하여 학생들이 서로 이야기하는 것을 보게 된다면, 교사들은 "원숭이들에게 동물원을 운영하게 했다"는 비난을

들을까 두려워한다.

　많은 교회 교사들에게는 학습자들이 서로 이야기하고, 함께 작업하는 시간을 따로 떼어 둔다는 생각은 매우 낯설다. 그러나 학습자 대 학습자의 관계를 형성하는 것은 본래적인 동기부여를 만드는 진정한 학습 환경의 비결 중 하나다. 불행하게도 많은 교사들은 학생들을 조용히 있도록 서로 떨어뜨려 놓거나 아니면 경쟁적인 대회에서 서로 대결하게 한다. 그것은 결코 관계를 형성해 주지 못한다.

　관계적 사역은 상당한 시간을 긍정적인 학습자 대 학습자의 이야기에 투자한다. 이런 환경에서 학생들은 교사가 말하는 것을 들을 뿐 아니라 동료들이 말하는 것을 듣고, 서로의 생각을 나눌 기회를 가진다. 관계적 환경에서 교사는 '무대 위의 현자'이기보다 '옆에서 돕는 인도자'가 된다. 관계적 교사는 모든 정보를 분배하는 대신, 학습자들이 서로의 생각을 나누도록 시간을 허락한다. 관계적 교사는 학습자들에게 언제나 성경 이야기의 의미를 말해주는 대신, "옆 사람과 함께 이 이야기가 서로의 삶과 어떻게 관련되는지 이야기해 보라"고 말한다.

　그렇다. 이것은 교사에게 완전히 통제를 포기할 것을 요구한다. 그것은 학습자들에게도 약간의 통제력을 부여한다. 학습 상황에서 어느 정도 통제력을 가지는 것은 학습자들의 본래적 동기부여에 기여한다. 학습자들은 친구들과 그 길의 일부를 '운전'할 수 있을 때 학습 의욕을 더 가진다.

　고든과 베키 웨스트(Gordon and Becki West) 부부는 5-6학년 학생들을 데리고 멕시코의 한 고아원으로 선교여행을 떠났다. 이전의 여행에서 성인 인도자들은 학습 시간에 5-6학년 아이들에게 강의를 했다. 그러나 웨스트 부부는 보다 관계적 양식으로 그것을 바꾸기 원했다. 그래서 그들은 다른 인도자들의 반대를 무릅쓰고, 아이들에게 그들이 배우는 것을 소그룹에서 서로 토의하게 했다. "대혼란이 일어날 것입니다." 다른 인도자가 경고했다.

웨스트 부부는 그 아이들에게 "왜 하나님은 우리에게는 그토록 많은 것을 가지게 하시고, 이 멕시코 어린이들에게는 그토록 적게 가지게 하셨을까?"와 같은 어려운 질문들을 물었다. 놀랍게도, 이 5-6학년 어린이들은 그 문제를 깊이 파고들었다. 어린이들은 스스로 그들을 위한 하나님의 메시지를 배우고자 하는 의욕으로 충만했다.

고양된 학습뿐 아니라 관계적 접근은 우정을 도모한다. 어떤 연령의 사람이나 서로 이야기함으로써 우정을 쌓는다. 관계를 증진시키는 시간은 본래적 동기부여를 만들어 학습자들에게 진정한 학습 환경을 조성하는 데 기여한다. 만약 학습자들이 교회에서 우정을 돈독하게 만든다면, 그들은 교회에 오기를 더 좋아할 것이다. 그리고 교회가 정다운 관계적 장소이기 때문에 그들은 새로운 사람들을 교회에 데리고 오는 데도 더 열심일 것이다.

우리는 많은 학생 대 학생의 대화와 활동을 포함하는 이런 성경공부가 친구를 데리고 오는 데 강한 영향을 미치는 것을 보았다. 주일학교 출석이 전국적으로 감소하고 있는 추세에서, 이 관계적 교과 과정을 사용하기 시작한 교회의 80퍼센트가 출석률이 증가하고 있다고 보고되었다. 캘리포니아에서 이런 성경공부를 가르치는 데비(Debbie)는 이렇게 말한다. "이 방법은 하나님의 말씀을 안전하게 도입합니다. 그것은 다루기 힘들고, 모든 것을 시시하게 여기는 아이들에게까지 효과가 있습니다. 일단 그들이 참여하게 되면 거부하지 못하지요. 학생들과 교사들이 적극적으로 참여합니다. 상호적인 일들이 일어날 때 관계성이 증진되지요. 수업이 끝날 때쯤이면, 그 다루기 힘들었던 아이들이 제일 먼저 기도제목을 나눈답니다!"

학습자들이 서로 이야기하며 상호교류를 즐기는 것은 결코 낭비된 시간이 아니다. 그것은 본래적 동기부여를 만드는 데 투자된 시간이다.

이런 관계적 양식과 밥의 머리 깎기 이벤트와 비교해 보라. 그의 계획은 학생 대 학생의 상호교류나 협동이나 동료의식을 조금도 포함하지 않았다.

그 환경은 본래적 동기부여에 전혀 기여하지 않았다.

한편 예수님은 관계적 사역의 모범을 보여 주셨다. 그분의 질문들은 학습자들 사이에 많은 관계적 토론을 유발시켰다. 그리고 5천 명을 먹이심과 가나의 혼인잔치, 삭개오와 식사, 최후만찬과 같은 사역을 식사와 결합시킴으로 관계적 환경을 창조하셨다. 예수님의 사역에서 학습자들은 이 관계적 교사에게서 보다 많은 것을 배우고자 하는 자발적 의욕으로 동기부여되었다.

경험적

경험적 학습 또는 능동적 학습은 본래적 동기부여를 조성한다. 이는 그 경험이 학습자를 충분히 끌어들이기 때문이다. 아무도 수동적인 방관자로 남지 않는다.

당신은 무엇하기를 좋아하는가? 공놀이? 독서? 수영? 전화로 수다떨기? 당신이 이런 활동들에 흥미가 많은 것은 누군가 그 주제에 대한 강의를 들었기 때문인가? 아니면 학습지를 풀었기 때문인가? 그렇지 않을 것이다. 당신의 흥미는 능동적으로 이런 활동들을 시도했을 때, 쉽게 점화될 것이다. 당신은 행함으로써 배웠기 때문에 본래적으로 동기부여 되었다.

경험적 학습은 교회 학습에서도 동일한 효과를 낸다. 활동적인 학습을 사용할 때 본래적 동기부여를 만들 수 있다. 사람들의 흥미와 동기부여는 그들이 행함으로써 배우는 것이 허락되고, 여러 감각 기관들이 사용될 때 증가한다. 학습자들은 그들이 배우는 것을 보고, 듣고, 만지고, 맛보고, 냄새 맡을 필요가 있다.

능동적인 학습 상황에서 동기부여 된 학생들이 수동적인 학습자들보다 더 많이 배우고 기억한다고 한 연구 결과로 나왔다. 다음은 인디애나 대학에서 실시한 조사 결과이다.

> **한**달 후에 학생들은
> 그들이 들은 것 10퍼센트,
> 본 것을 15퍼센트, 듣고 본 것 20퍼센트,
> 토론한 것 40퍼센트, 행한 것 80퍼센트,
> 다른 사람들에게 가르친 것 90퍼센트 기억한다.

 학생들은 경험이 수반된 학습 상황에서 발견의 모험을 즐긴다. 그들이 새로운 것을 발견하는 것이다. 학습자들은 권위자에 의해 채워지기를 기다리는 빈 그릇이 아니다. 그들은 주제 안으로 파고 들어가, 자신들에게 흥미를 주는 구석구석을 탐험하고, 질문을 던지며, 무엇이 작용하는지 알아낸다. 또한 실생활을 그들 나름대로 연결을 지으며 통찰을 동료들과 나눈다. 그것은 본래적인 동기부여를 유도한다.

 다시 우리 친구 밥과 그의 성경 책이름 외우기로 돌아가 보자. 그의 방식은 경험적인 다감각 응용 접근법이 결여되었다. 밥은 그의 기획에 몇 가지 활동적인 요소들을 추가하였으면 본래적 동기부여를 증대시켰을 것이다. 단순히 아이들에게 성경의 책이름을 외우라고 말하는 대신, 그 활동을 경험적인 것으로 만드는 것이 어떤가? 어린이들에게 그들 자신의 책 꼬리표를 만들어 성경의 각 권에 붙이게 하는 것도 한 가지 방법이었을 것이다.

 우리는 여름성경학교 교재인 이 접근법을 사용했다. 어린이들은 그들의 성경책에서 핵심 구절들을 찾아 밑줄을 그었다. 그들은 몇몇 구절 옆에 붙일 특수 꼬리표를 만들었다. 한 꼬리표는 '신뢰'로, 다른 것은 '사랑'으로 이름 붙여졌다. 핵심 구절 중 하나는 요한복음 17장 20절이었다. "내가 비옵는 것은 이 사람들만 위함이 아니요 또 저희 말을 인하여 나를 믿는 사람들도 위함이니." 이 구절 옆에 아이들은 직접 만든 꼬리표를 붙였다. 그것은 예수님이 그들을 위해 친히 기도하고 계시는 것을 상기시켜 주는 꼬리표였다.

어린이들은 이런 경험적 성경 활동을 매우 좋아한다. 그들은 확실히 내적으로 동기부여되었다. 그 주가 끝날 무렵 어린이들은 "내가 좋아하는 다른 구절들에도 꼬리표를 붙여도 되나요?"와 같은 질문들을 물었다. 친척 중 한 사람이 암과 투병하고 있다는 한 소년이 말했다. "다음 번에 병문안을 갈 때에 저는 이 성경을 들고 갈 거예요. 그에게 힘을 줄 말씀을 어떻게 찾는지 이제 아니까요."

그것은 경험적 학습을 사용한 데서 유발된 본래적인 동기부여이다.

예수님의 사역은 경험적 학습을 중심으로 한다. 그분이 중풍병자를 고치셨을 때, 나사로를 죽은 자 가운데서 살리셨을 때, 간음 중에 잡힌 여인에게 죄 없는 자가 먼저 돌로 치라고 구경꾼들에게 도전하셨을 때, 제자들의 발을 씻기셨을 때, 예수님은 학습자들 사이에 강렬한 본래적 동기부여를 주셨다.

적용 가능

학습자들이 습득한 정보가 자신의 실생활과 어떻게 관련되는지를 알지 못할 때, 동기부여가 거의 되지 않는 것을 보여 준다. 우리는 강습회에서 종종 사람들에게 생물학 수업을 받은 사람은 모두 일어서도록 말한다. 그 다음 우리는 그들에게 생물학 시험에 나온 어떤 문제를 기억한다면 그대로 서 있도록 요청한다. 그 문제는 바로 "감수분열과 유사분열의 차이는 무엇인가?"이다. 참여자들은 대개 어색하게 웃고, 그 다음 95퍼센트 이상이 언제나 자리에 앉는다.

만약 생물학 교사들이 이 광경을 본다면 매우 실망할 것이다. 학교는 그 두 용어의 의미를 익히게 하기 위해 학생들에게 많은 시간을 사용했다. 교사들은 기말고사에 그 문제를 냈었다. 그런데 이게 무슨 일인가? 그 생물학 수업들의 장기적 결과가 왜 그토록 비참한가?

감수·유사분열을 실생활과 연관을 지은 학생들은 극소수에 불과했다. 이것은 우리의 뇌가 어떻게 정보를 단기 저장소와 장기 저장소에 분류해 넣는지를 보여 주는 하나의 고전적인 예이다. 그 생물학 정보는 학생들이 시험에 통과할 때까지만 저장되었다가, 영원히 상실되었다. 학생들은 그 정보를 그들의 실생활과 연결시키는 방법을 알지 못했기 때문에, 그것을 진짜로 배우고 간직하고자 하는 본래적 동기를 찾지 못했다. 교사들은 감수분열과 유사분열에 대한 지식이 그들의 실생활에 어떤 차이를 가져오는지를 한 번도 실증해 주지 않았다.

우리가 학습자들의 뇌에 성경의 사실들을 주입하면서 그 정보가 그들의 삶과 어떻게 적용되는지를 생생하게 이해시키지 않는다면, 그 자료는 감수·유사분열이 들어간 바로 그 동일한 단기 쓰레기통으로 갈 것이다. 그것을 배우고자 하는 본래적 동기부여가 결여되어 있기 때문이다.

여기에 밥의 성경 책이름 외우기 기획이 실패한 또 다른 이유가 있다. 밥은 그의 학생들이 성경의 책을 왜 알아야 하는지를 한번도 실증해 주지 않았다. 그 이름들의 나열은 그들에게 무관하고 무의미하게 보였다. 그들은 그것이 일상 생활과 어떻게 관련이 되는지를 이해하지 못했다. 삭발 약속은 대부분의 학생들 행동을 변화시킬 외래적 동기부여도, 본래적 동기부여도 유도하지 못했다. 그는 실생활에의 적용의 중요성을 잊고 있었다.

우리는 성경공부를 학습자들의 실생활과 연결지을 때, 자연스럽게 호기심을 자극하고, 그들로 하여금 배우고 간직하도록 촉구해야 한다. 하나님은 그분의 말씀이 감수·유사분열처럼 취급되도록 결코 원하지 않으셨다. 그분의 말씀은 일시적으로 기억될 사실의 수집이 아니다. 성경 말씀은 오늘날 우리가 어떻게 살아야 하는지, 그분을 어떻게 알아야 하는지, 그분과 우리의 관계를 어떻게 친밀하게 해야 하는지를 보여 주는 안내서이다.

우리는 성경을 우리의 현재 생활을 위한 적절한 안내서로 여길 때, 본래적 동기부여를 위한 문을 열게 된다. 하나님은 적용을 염두에 두시고 말씀을 공급하셨다. 만약 교사가 교과 과정이 적용을 염두해 둔다면, 모든 연령과 각계각층의 사람들이 성경에서 재빨리 적절한 도움을 발견할 것이다.

우리는 뉴욕시에서 막강한 최고 경영 이사들과 성경공부를 인도하는 버턴 비소츠키(Burton Visotzky)의 예를 좋아한다. 그는 말했다. "우리는 수년 동안 성경공부를 통해서 창세기와 출애굽기가 결혼과 자녀와 가족과 공동체에 관한 대화의 기회를 제공하는 이야기들로 가득 차 있다는 것을 배웠지요. 또 창세기와 출애굽기는 사업가들이 날마다 부딪히는 도덕적 의문들을 예시(例示)하는 이야기들로 충만합니다."

비소츠키는 모세가 바로와 협상하는 이야기를 이 경영 이사들이 지닌 관심에 적용했다. 비소츠키는 출애굽기 5장 1절에 나오는 모세의 초기 협상 전략으로 그들의 흥미를 돋우었다. "이스라엘 하나님 여호와의 말씀에 내 백성을 보내라 그들이 광야에서 내 앞에 절기를 지킬 것이니라 하셨나이다." 비소츠키는 다음과 같은 질문을 최고 경영 이사들에게 던졌다. "그 막강한 바로 앞에서 모세가 용기를 다해 요구한 것이 단지 주말 사흘이었습니다. 이것은 정말 소심한 협상 태도가 아닙니까?"

광고 담당 이사인 한 사람이 답했다. "바로가 반응을 보였지요. 그것이면 충분했지요. 만약 모세가 처음부터 전부를 구했다면, 바로는 그를 몰아내고 아마 죽였을지도 모릅니다. 바로가 작업량을 올린 것은 단순히 그의 편의 협상 전략이었을 뿐이지요. 분명한 것은 여기에 움직임이 있었다는 것입니다."[2]

그것은 성경을 그들의 일상 생활에 적절하게 연결시킨 것이다. 그들은 본래적으로 동기부여 되었기 때문에 열성적으로 배우기 원했다.

예수님이 사용하신 학습 방법도 보라. 그분의 가르침은 모든 순간에 삶의 적용을 강조했다. 또한 예수님 사역은 사실을 암기하는 지루한 공부가 아니었다. 제자들과 많은 무리들이 감수·유사분열과 같은 용어들을 암기하도록 결코 요구하지 않으셨다. 모든 가르침과 비유 그리고 모든 활동적인 학습 경험이 곧바로 사람들의 삶에 적용되었다. 그렇게 함으로써 그분의 추종자들은 학습에 대한 본래적 동기부여를 경험했고, 그들의 삶이 변화되었다.

우리는 예수님의 모범을 따를 수 있다. 또한 우리가 가르치는 것을 학습자들의 삶에 곧바로 적용하는 방법들을 찾아야 한다. 그렇게 할 때 학습자들은 본래적으로 동기부여가 되면서 삶이 바뀔 것이다.

학습자 중심

교사 중심이 아니라 학습자 중심으로 교육 구조를 설계할 때, 본래적 동기부여를 위한 분위기를 조성할 수 있다. 전체 접근법이 그들의 유익과 흥미와 학습 유형과 주의 집중력과 조화를 이룬다면 학습자들이 보다 많은 관심을 보일 것은 분명하다.

글을 쓰고 있는 우리도 새로운 교과 과정을 개발할 때 언제나 학생들과 제일 먼저 대화를 나눈다. 이것은 학습자 중심 철학에 헌신하기 위해서 이다. 예를 들어, 매년 새로운 여름성경학교 교재를 만들기 시작할 때 어린이들을 모아 우리의 아이디어에 대해 의견을 묻는다. 어린이들은 모든 공과와 공작, 간식, 찬양, 학습 활동을 예비 심사한다. 어린이들은 가혹하리 만큼 정직하다. 여러 차례 어린 고문은 우리가 궤도를 벗어난 것을 지적함으로 인해 처음부터 일을 다시 시작했다.

당신은 계획을 짤 때 학습자들을 먼저 생각하며 시작하는가? 우리는 최근에 전국 교회의 교육 담당자들을 대상으로 조사를 실시했다. "주일학교 교과 과정을 선택할 때 가장 중요하게 고려하는 사람들은 누구인가?" 아무도 학생들을 언급하지 않았다. 만약 당신이 본래적 동기부여가 왕성한 분위기를 원한다면 계획을 세울 때 반드시 학생들을 기억해야 한다. 이처럼 우리는 학습자 중심이 되어야 한다.

선택의 문제는 학습자 중심의 환경이 주는 유익을 탐험하는 좋은 기회를 제공한다. 어떤 연령의 학습자들이든지 무엇을 어떻게 배울 것인가에 대해 선택의 기회를 가질 때, 그들은 보다 본래적으로 동기부여가 되는 것을 느낄 것이다.

우리 친구 밥은 이런 기회를 놓쳤다. 그의 성경 책이름 외우기 활동은 학생들에게 전혀 선택의 여지를 주지 않았다. 그가 모든 것을 결정했고 그 과제를 선택했다. 그것이 언제, 어떻게 수행되며, 어떻게 평가되고 보상될지를 모두 결정했다. 어린이들은 밥의 선택을 바라보는 수동적인 구경꾼에 불과했다. 따라서 그들은 본래적인 동기부여를 거의 느끼지 못했다.

학습자들에게 선택의 기회를 주는 것은 어느 정도 인정(認定)과 존경을 보여 주는 것이다. 또한 그들은 학습에 소유의식을 느낀다. 그리고 더 많이 배운다.

많은 연구원들이 학생들에게 선택의 여지를 허용하는 일에 대한 교육적 가치를 조사 입증했다. 피츠버그의 초등학교 2학년 학생들에게 공부할 과제를 원하는 시간을 선택하도록 했을 때, 보다 짧은 시간에 더 많은 학습 과제를 완수했다.[3]

메사추세츠의 유치원생들을 두 그룹으로 나눈 후, 첫째 그룹은 재료만 주고 콜라주(collage)를 만들게 하고, 둘째 그룹은 스스로 재료를 선택해서 콜라주를 만들게 했다. 그들이 선택할 수 있는 재료는 첫째 그룹에게 준 것과 똑같은 것이었다. 두 그룹 모두 동일한 재료로 작업했을지라도, 둘째 그룹의 작품이 첫째 그룹의 것보다 훨씬 더 창의적인 것으로 평가되었다.[4]

뉴욕에서 두 그룹의 대학생들을 대상으로 비슷한 연구가 실시되었다. 첫째 그룹에게는 작업할 문제가 부과되었고, 둘째 그룹은 여러 문제들 중에서

스스로 선택할 수 있게 했다. 둘째 그룹이 훨씬 많은 흥미와 참여를 보여 주었다.[5]

우리가 만드는 여름성경학교 프로그램은 어린이들에게 성경학교 기간 동안 각자의 역할을 선택하게 한다. 그들은 자신이 낭독자가 될지, 재료 관리자가 될지, 기도하는 사람이 될지를 결정해야 한다. 그들은 교사의 작품을 모방하기보다 자신의 독창성을 발휘하도록 격려된다. 무엇보다 아이들은 아무런 창의성도 허용되지 않는 교사 중심의 성경학교 학습지로 골치를 앓아야 할 일이 전혀 없다.

이것은 어린이들에게 특히 중요하다. 아더 엘리스(Arthur Ellis)와 제프리 파우츠(Jeffrey Fouts)는 그들의 책 「교육 혁신에 관한 연구」(Research on Education Innovations)에서 이렇게 말한다. "UCLA대학 의료센터 연구원들은 10세 이하의 어린이들이 창의성과 관련된 것으로 생각되는 세타(theta) 파장의 분비가 왕성하게 두뇌 활동을 한다는 것을 발견했다. 그러나 이 지식으로 인해 앞으로 교사들이 이 천부적으로 창의적인 어린 학생들에게 학습지를 연이어 배부하는 것을 중단하게 될지 어떨지는 아직 확실치 않다."[6]

학생들에게 창의성 발휘와 선택의 기회를 주는 이 학습자 중심의 접근법에는 유익한 부산물이 있다. 징계 문제가 훨씬 적어진다. 그들이 학습에 대해 본래적으로 동기부여가 되기 때문에 문제를 일으킬 소지가 줄어드는 것이다.

바바라 맥콤스(Barbara McCombs)와 조 슈 휘슬러(Jo Sue Whisler)는 「학습자 중심의 교실과 학교」(The Learner-Centered Classroom and School) 그것을 이야기하고 있다. "학습자 중심의 접근법을 사용할 때, 교사들은 학생들의 소요와 징계 문제가 훨씬 적다고 보고한다…요점을 말하자면, 교육자들이 학생들을 학습 과정의 중심에 둘 때, 그들은 개개인 학습자로서 각 학생에게 가장 효과적인 일을 한다. 그 결과 동기부여와 학습과 성취가 증가

된다."[7]

예수님은 학습자 중심의 접근법을 사용하셨다. 그가 여러 번 사람들의 질병을 치유해 주신 것은 개개인의 필요에 초점을 맞추신 것이다. 그분은 청중의 유형에 따라 방법을 다르게 사용하셨다. 그리고 그분은 궁극적인 학습자의 선택인 '믿음에 대한 선택과 자유의지'를 허용하셨다.

변화 추구

이제 당신은 외부적으로 동기를 부여하려던 입장에서 본래적인 동기부여를 시도할 준비가 되었는가? 그러나 우리는 그 변화 과정에 대해 당신이 현실적인 기대를 가지도록 충고하고 싶다. 당신이 내일 당장 보상 프로그램들을 중단시킨다면 학습자들이(또는 교사들이) 즉시로 그것을 환영하리라고 기대하지 말라. 그들은 보상과 뇌물에 상당히 중독되어 있다.

당신이 보다 본래적인 동기부여의 방법을 사용할 때, 어떤 이들은 그들이 외부적인 보상에 깊이 의존하는 사실을 보여줄 것이다. 우리는 그런 상황에서 아이들이 "만약 우리가 선생님이 시키는대로 한다면 나중에 무엇을 얻게 되나요?"라고 말하는 것을 들었다. 학생들에게 외부적인 보상에 의존하는 생각을 버리게 하는 것은 더디고 때로 힘든 과정일 수 있다. 그러나 그것은 가치 있다. 사실 이 과정이 어려우면 어려울수록 그것을 맡는 것은 더욱더 중요하다.

예수님은 이 외부적인 '다른 욕심'을 가시떨기 잡초로 묘사하신다. 좋은 수확을 얻기 원하거나, 밭에서 잡초를 제거하기 위해서는 우리는 얼마든지 시간을 쓸 가치가 있다.

| 제9장 | ## 고역에서 즐거움으로

> 사람들은 자신이 학습 과정을 즐길 때
> 더 많이 배우고 더 오래 간직한다.
> 반대로 학습 환경이 지루하고 단조로울 때는
> 더 조금 배우고 일찍 잊어버린다.

우리 아들 매트는 산수를 매우 싫어한다. 그래서 구구단 외우기도 심할 정도로 거부했다. 그러나 4학년이 되자 구구단은 그의 학습에 지대한 영향을 미치기 시작했다. 우리는 아들에게 구구단을 외우라고 설득을 했고, 구구단 카드도 사고, 컴퓨터에 어린이 산수 프로그램을 설치했다.

그런데 아무 것도 효과가 없었다. "나는 곱셈이 싫어요. 너무 따분하기만 해요"라고 매트는 말했다. 매트는 공부하기를 회피하고, 대신에 최근 그가 열광하게 된 영화 촬영에만 몰두했다. 매트는 캠코더(camcorder)로 익살스런 비디오 만들기를 정말 좋아했다. 그 쇼의 주인공은 대개 오랜 꼭두각시 인형 중의 하나였다. 그는 아빠를 기용하여 꼭두각시 인형을 움직이게 하면서, 성우까지 시켰다. 매트는 무대를 장치하고, 소품을 마련하고, 조명을 설치하고, 대사를 다듬고, 카메라를 돌렸다. 그런 동안에 아빠는 보푸라기가 일어난 인형의 우스꽝스러운 대역이 되었다.

매트는 촬영을 하는 내내 웃음을 참지를 못했다. 매트는 카메라맨으로 마이크 바로 옆에 있었기 때문에, 자신의 웃음소리가 청중이 웃는 소리처럼 되어 테이프에 녹음되었다. 그렇게 녹음된 웃음소리는 매트가 자작 코미디를 시청할 때마다 더욱더 배를 잡고 웃게 만들었다.

그 꼭두각시 인형을 주연으로 수십 개의 영화를 제작했을 때, 매트의 아버지 톰은 한 가지 아이디어를 떠올렸다. 톰은 매트가 그 코미디들을 너무 재미있어 하기 때문에 그것들을 만들고 시청하는 데 많은 시간씩 보내는 것을 보았다. 다른 한편, 매트는 그의 구구단표를 고역으로 보았고 따라서 그것에 시간 쓰기를 거부했다. 그래서 마침내 아빠는 그 꼭두각시 인형을 주연으로 '재미있는 산수 코미디'를 만들자고 제안했다. 매트는 그것을 대 찬성했다. 매트는 즉시 무대장치와 소품을 준비하기 시작했다.

그 코미디는 화장실 휴지와 목도리 천을 소재로 4학년 어린이들이 재미있어 할 많은 유머를 포함했다. 물론 구구단을 가사로 한 익살스런 노래도 포함되었다. 매트는 웃음보를 터뜨렸고, 매번 노래를 따라 부르면서 그 비디오를 보고 또 보았다. 그는 결국 구구단을 다 외웠고 산수 점수가 C에서 A로 바뀌었다.

여기서 일어난 일을 분석해 보자. 매트는 뇌물 없이 학습을 했다. 톰은 "이것을 하면 너는 저것을 얻을 것이다"를 결코 말하지 않았다. 그는 단순히 매트가 즐거워하는 것을 즐기도록 했다.

매트는 비디오를 만드는 일에 본래적으로 동기부여가 되었다. 그 비디오 경험이 어떻게 본래적인 동기부여의 환경을 만들기 위한 REAL 학습 공식에 맞는지 살펴보자.

■ 그것이 관계적(relational)인가? 그렇다. 그것은 아빠와 아들의 위대한 관계적 기획이었다. 그것은 공동목표를 위해 함께 일하고 웃는 즐거운 시간이었다.

- ■ 그것이 경험적(experiential)인가? 그렇다. 그것은 실로 활동적인 작업을 행함으로써 배우는 실천적 학습이었다. 또한 다양한 감각들을 포함했다.
- ■ 그것이 적용가능(applicable)했는가? 그렇다. 사실 그것은 매트가 분명하게 이해한 두 개의 서로 다른 삶의 적용을 제공했다. 첫째, 그 비디오를 만드는 데 든 수고는 그가 계속적으로 시청할 수 있는 쇼를 만들어냈다. 둘째, 그는 구구단이 학교와 일상의 삶에서 그에게 도움이 될 것을 알았다.
- ■ 그것은 학습자 중심(learner-based)이었는가? 그렇다. 그 기획은 매트가 좋아한 것에서 시작했고 그의 학습 유형에 어울렸다. 그가 등장인물과 소품과 대사를 선택했고, 감독이었다.

즐거움과 두뇌

학습 기획을 성공적으로 만든 또 하나의 요소가 있다. 그것은 즐거움이다. 즐거움은 매트의 웃음보를 터뜨리게 하였다. 또한 학습을 재미있게 만들었다. 매트는 그 과정을 빠짐없이 즐기면서 배워야 할 것을 배웠다.

매트는 다른 사람보다 특이하지 않고 두뇌도 남들과 똑같이 작용한다. 우리가 여기서 보는 것은 두뇌의 일반적인 기능이다. 어떤 활동이 즐겁고, 재미있고, 유쾌하고, 호기심을 자극하며, 다채로울 때, 뇌는 말한다. "야! 이것은 멋지다. 이것을 저장해야겠다." 두뇌는 바로 이럴 때 정보를 저장한다.

「학습 혁명」(The Learning Revolution)의 저자는 이렇게 말한다. "학습을 기발하고 재미있고 가급적 감정적인 것으로 만들라. 이는 정보를 장기적 기억으로 보내는 두뇌의 '여과장치'가 두뇌의 감정 센터와 밀접하게 연결되어 있기 때문이다. 그리고 보기, 소리, 냄새, 접촉, 맛 등 가능한 한 많은 감각들이 연상작용에 참여하게 하라."[1]

5장에서 우리는 학습 과정에 미치는 감정의 영향을 탐구했다. 즐거움은 학습 효과를 높이는 가장 유력한 감정 중 하나였다. 사람들은 자신이 학습

과정을 즐길 때 더 많이 배우고 더 오래 간직한다. 반대로 학습 환경이 지루하고 단조로울 때는 더 조금 배우고 일찍 잊어버린다.

> "이 말을 당신의 마음에 새기라. 학습은 재미있을 때 더 효과적이다."
> - 피터 클라인(Peter Kline), 「일상의 천재」(The Every day Genius)

「감정 지능」(Emotional Intelligence)의 저자 다니엘 골만은 좋은 기분이 "융통성 있게 생각하고, 보다 복잡하게 생각하는 능력을 증진시켜서, 지적인 문제든 대인관계 문제든 해결책을 보다 쉽게 찾을 수 있게 한다"고 말한다. 그는 코미디 비디오를 방금 시청한 사람들이 그것을 보지 않은 사람들보다 창의적 사고를 하는지 테스트하기 위해 심리학자들이 사용하는 전형적인 수수께끼를 풀도록 했다. 그래서 어느 쪽이 더 성공적으로 풀어내는지 연구했다.[2]

즐거움에 대한 또 다른 연구는 매트 와인슈타인(Matt Weinstein)의 책 「재미 만들기」(Managing to Have Fun)에서 이렇게 보고된다. 연구원들은 즐거움과 선행 사이에 어떤 연관이 있는지를 알아보고자 했다. 그들은 일반적으로 사람들이 공중전화기의 동전 반환통에 남은 동전을 발견할 때 기뻐하는 것을 알았다. 모든 사람이 공짜로 무언가를 얻는 것을 매우 즐거워했다. 그래서 연구원들은 전화기의 동전 반환통에 임의로 동전을 넣어 두었다. 그 다음 한 젊은 여성을 고용하여 피실험자가 동전 반환통을 조사하는 바로 그 순간에 그 곁을 지나가게 했다. 그 여성은 지나가면서 일부러 넘어져 들고 있던 책을 바닥에 떨어뜨렸다.

놀랍게도 그 연구원들은 동전을 발견한 사람들이 한 푼도 발견하지 못한 사람들보다 네 배나 더 그 여성의 책을 줍는 것을 발견했다.[3]

즐거움은 강력하고 긍정적인 감정이다.

즐거움을 무시하는 사람들

즐거움은 이런 과학적 연구와 단순한 상식에도 불구하고, 여전히 많은 교육자들과 교회 지도자들 사이에 나쁜 평판을 얻고 있다. 그들은 "학습이란 진지해야 한다"고 말한다. "우리가 여기에 있는 것은 신나게 노는 것이 아니라 배우기 위해서이다."

어떻게 되었는지 즐거움과 학습은 많은 사람들의 생각에서 상호 배타적인 것이 되어 버렸다. 어린이들을 학습 활동에 참여시키기 위해 다채로운 학습 방법이 들어 있는 성경공부가 처음 나왔을 때, 사람들은 그와 같은 생각을 말했다. 일부 전통주의 교사들은 그것은 참된 교과 과정이 아니라고 말하며 비웃었다. "학생들이 공부할 학습지는 어디에 있습니까? 이건 전부 장난감뿐이잖아요!" 만약 이런 교사들이 교실에서 웃음소리가 흘러나오는 것을 듣는다면 학습이 전혀 이루어지지 않는다고 생각할 것이다.

우리는 책 안의 방법들이 어린 학습자들 사이에 즐거움을 유발하는 것을 발견했기 때문이다. 매트와 꼭두각시 인형처럼, 즐거움이 가득한 경험 활동들은 어린이들이 중요한 내용을 배우도록 본래적 동기부여를 조성한다. 그리고 웃음은 건강한 즐거움의 증거이다.

어떤 사람들은 학습과 재미가 서로 혼합될 수 없다고 한다. 그런 사고방식의 일부는 "훌륭한 일꾼은 열심히 일한다"는 일에 대한 오랜 윤리 관념으로 요약될 수 있다. 일(work)과 열심히(hard)란 낱말은 재미는 전혀 없이 땀을 뻘뻘 흘리며 일하는 것을 함축한다. 그리고 그 낱말들은 교육 상황안으로 전이되었다. 학습지, 숙제, 강습회, 학교공부. 훌륭한 학생들은 열심히 공부하며 그들은 힘든 과목을 택한다. 공장과 생산 라인과 같은, 일과 관련된 이미지들 역시 전이된 것으로 보인다. 공장에서 하는 것과 똑같이, 많은 학교와 교회들이 생산라인 위의 동일한 제조상품처럼 학생들을 가공처리 하기 위해 열심히 일한다.

"'공부'란 낱말과 관련하여 사람들이 연상하는 것을 30년 동안 조사한 결과 열 개의 주요 낱말이나 개념이 드러났다. 그것들은 지루함, 시험, 숙제, 시간 낭비, 체벌, 부적절함, 방과후의 나머지 공부, '욱-'. 증오, 두려움."
- 토미 부잔(Tomy Buzan),
「당신의 머리를 최대한 이용하라」(Make the Most of Your Mind)

필라델피아 약학대의 윌리엄 레인스미스(William Reinsmith) 교수는 말한다. "교실은 너무나 학습을 위한 적절한 환경을 만들어주지 못한다… 학습이 놀이처럼 되면 될수록, 더욱더 많은 것을 흡수할 것이다. 만약 학생이 제도적인 교육에 너무나 오염되어 단조롭고 심각한 공부만이 학습이라고 여기지만 않는다면 말이다. 안타깝게도, 오늘날 교수가 대학생들에게 공부와 학습이 흥미롭고 심지어 즐거운 활동이라고 납득시키려면 얼마나 많은 노력을 해야 하는지 모른다."[4]

많은 대학 교수들은 학문적 이미지를 단조롭고, 유머가 없고, 숨막히고, 심각하게만 유지하려는 경향이 있다. 물론 학생들은 이 이미지를 흡수하여, 모든 학습은 단조롭고, 유머가 없고, 숨막히고, 심각하기만 하다는 편견을 품게 된다.

언제부턴가 학문 공동체와 교회는 배워야 할 가장 중요한 것 중의 하나는 '배움을 사랑하는 것'이란 사실을 잊어버렸다. 고역에 절은 것을 사랑하는 사람은 거의 없다.

사람들은 그들이 배움의 과정을 즐길 때 더 많이 배우고 배움을 사랑하게 된다. 그러나 일부 '심각한' 교회 교육자들은 우리에게 말한다. "맞습니다, 그렇지만 인생이 언제나 재미있는 것은 아니지요. 또한 늘 흥미로운 것도 아니고요. 아이들은 그 점에 대처하는 법을 배워야 합니다." 이 논리는 기독교 교육의 기본 목적이 어린이들로 하여금 신앙에 대해 흥분하게 만드는 데 있는 것이 아니라 지루하고 바쁜 일에 익숙하게 만드는 데 있다는 인상을 준다. 그것이 실로 우리의 목적인가?

때로 교사와 리더들이 이렇게 말한다. "자, 여러분. 재미있는 시간은 끝났습니다. 이제 우리 성경공부할 시간입니다." 이것은 성경에 대해 어떤 메시지를 전해 주는가? 어떻게 학습자가 은연중 내포하는 메시지를 피할 수 있는가? 아이들은 하나님의 말씀을 읽는 것은 기쁨이 전혀 없는 따분한 일이며, 교사가 옆에 없을 때는 하지 않고 밀쳐 두는 것이라고 생각한다.

예수님과 즐거움

우리는 예수님의 사역을 지루하고 단조롭고 숨막히는 것으로 특징짓는 사람을 아직 보지 못했다. 사람들은 그분의 메시지에 매료되었다. 아무도 그들을 억지로 끌어 그분의 가르침을 듣게 할 필요가 없었다.

예수님은 즐거움을 좋아하셨다. 가나의 혼인잔치에서 물을 포도주로 만든 그분의 첫 기적을 생각해 보라. 얼마나 즐거운 묘기였는가! 연회장은 예수님의 최고급 음료를 맛본 후에 기뻐하며 말했다. "사람마다 먼저 좋은 포도주를 내고 취한 후에 낮은 것을 내거늘 그대는 지금까지 좋은 포도주를 두었도다"(요 2:10). 얼마나 즐겁게 잔치가 마무리되었겠는가!

예수님은 사람들을 깜짝 놀라게 만드는 것을 즐거워하셨다. 예수님은 마태복음 17장 27절에서 베드로에게 성전세를 마련하도록 말씀하셨다. 하나님의 아들이신 그분은 얼마든지 주머니에 손을 넣어 동전을 꺼내 베드로에게 주실 수 있었다. 그러나 그것은 별로 즐거움을 만들지 못할 것이다. 대신에 그분은 베드로에게 호수에 가서 고기를 낚도록 말씀하셨다. 베드로는 바로 고기의 입안에서 동전을 찾아 세금을 내었다. 당신은 베드로가 그 경험을 통해 무엇을 느꼈다고 생각하는가? 그가 그것을 무미건조한 학습으로 부를 것인가? 또는 그에게 결코 잊을 수 없는 즐거움의 섬광이었을까?

> "마음의 즐거움은 양약이라도 심령의 근심은 뼈로 마르게 하느니라"
> - 잠언 17:22

즐거움 개발하기

역사상 가장 위대한 이야기를 가르치는 일에 있어, 즐거움이 우리가 두려워해야 할 대상이 아니다. 오히려 그것은 자산이다! 즐거움은 학습을 도울 것이다. 즐거움은 학습자들에게 더 많은 것을 찾게 하고 다시 교회로 모이게 만들 것이다. 또한 친구들을 데려오고 싶을 것이다.

우리는 교회에서 이루어지는 학습의 전형(典型)을 바꿀 필요가 있다. 성공적인 교사나 인도자의 옛 모습은 조용하게 움직이지 않고 앉아 있는 학생들 앞에 서 있는 것이다. 그러나 새로운 즐거움 지향적인 전형은 우리에게 하나님의 진리를 발견하는 일에 함께 하고, 웃는 학생들로 가득한 방을 보여 준다.

기독교 교육의 옛 전형은 교사들에게 "당신은 수업을 통제하는가?"라고 물음으로써 평가한다. 새 전형은 학습자들에게 "오늘 즐거웠는가? 오늘 수업에서 가장 재미있었던 것은 무엇인가?"라고 묻는다. 만약 학습자들이 배우는 동시에 즐거움도 느낀다면, 본래적 동기부여가 작용하여 더 많이 배우고 더 오래 간직하고자 하는 내적 갈구를 일으킨다.

그렇다면 어떻게 즐거움을 개발할 수 있는가? 우리는 다섯 가지 방법을 탐구할 것이다. 학습자 바로 알기, 모범으로 이끌기, 놀이 기분 만들기, 뇌물을 뜻밖의 놀랄만한 사건으로 대치하기, 즐거운 환경 만들기.

학습자 바로 알기

우리는 즐거움을 개발하기 위해 학습자들을 이해하고, 어떤 것이 그들에게 즐거움을 가져다주는지를 알아야 한다. 우리는 자신의 방식을 벗어나 학습자들이 문화를 알아야 한다. 무엇이 그들을 웃게 만들며 무엇이 그들을 매료시키는지를 알아야 한다.

우리는 여름성경학교를 위한 자료를 수집할 때, 항상 어린이들에게 즐거움을 주는 최신 경향과 개발 품목들을 알아내고자 여기저기를 기웃거린다. 어느 해에는 실제로 건전지의 힘으로 발사되는 소형 로케트였다. 여름성경학교 교과과정인 '보물찾기 성경 모험'을 위해 우리는 어린이들에게 정글풀(풀처럼 끈적거리는 것 ; 역주)을 직접 만들게 했다. 이런 활동들은 즐거움을 만드는 주된 요소로 어린이들이 성경의 진리를 탐구하여 주제에 맞게 결합하여 학습효과를 높인다.

때로 교사와 주일학교 사역자들은 이런 활동들을 보고도 사용을 거부하면서 "아이들이 그런 것을 좋아하지 않을 것"이라고 예측한다. 그러나 그들은 전문가인 어린이에게 물어보지 않았다. 또한 그들의 학습자들을 제대로 알지 못한다. 만약 교사들이 즐거움에 대한 그릇된 인식에 집착한다면 학습자들에게 즐거움을 줄 수 없다.

이런 그릇된 인식에 대한 사례 하나는 우리가 여름성경학교에서 어린이들에게 각 조의 간식을 스스로 만들게 하는 아이디어를 소개했다. 그때 많은 교사와 사역자들은 "아이들은 결코 그렇게 하지 않을 것"이라고 말했다. "아이들은 그런 일을 하고 싶어하지 않을 것입니다." 그러나 여느 때와 같이 우리는 교회에서 실제로 어린이들과 시험해 보았다. 그러나 아이들은 너무나 좋아했다. 사실 많은 어린이들이 부엌에서 보낸 시간이 성경학교기간 동안 가장 좋았던 시간이라고 말한다. 어린이들은 다른 사람을 섬기는 일에 행동으로 실천하게 된다. 뿐만 아니라 간식 만들기는 재미있는 예술 작업이다. 예를 들어, 어린이들이 바울의 여행에 관해 배울 때 주제에 맞는 즐거움을 더하기 위해, 빵으로 작은 배를 만들었다. 치즈를 삼각형으로 잘라 돛을 만들고, 바울은 빼빼로에 포도알을 끼워 만들었다. 이 요리는 즐거움 천지였다!

모범으로 보이기

만약 우리가 즐거움을 개발하기 원한다면 학습자들에게 기꺼이 재미와 즐거움의 모범이 되어야 한다. 만약 학습 활동이 모든 사람에게 신발을 벗고 발가락을 움직일 것을 요구한다면 교사가 먼저 시범을 보일 필요가 있다. 만약 교회가 좀더 마음 편하고 행복한 곳으로 만들려면 목회자가 먼저 그렇게 할 필요가 있다. 아마 염려의 무익성에 대해 설교할 때 '약장수 안경' 쓰는 것도 한 방법일 것이다.

교육 담당 사역자들은 교사들에게 그냥 얼굴을 밝게 하고 즐거움을 주입하라고 요구할 수 없다. 특히 그 동안 즐거움이 없었던 환경이라면 지도자들은 더욱 앞장서 그 방법을 모범으로 보여야 할 것이다. 사람들은 일단 지도자들이 즐거움과 학습을 결합하는 것을 보게 되면 시도해 볼 것이다.

우리 친구 신디 한센(Cindy Hansen)은 즐거움을 개발하는 법을 안다. 그녀는 동료들에게 책이나 메모, 편지 또는 과제를 전달할 때 언제나 그것에 간식을 붙인다. 그녀는 메시지와 먹을거리를 연결해 주는 쪽지를 손수 쓴다. 예를 들면, 도움을 요청하는 편지에 그녀는 껌을 붙이고 쪽지에 이렇게 쓴다. "이것을 씹고 저에게 여부를 알려 주세요." 그녀가 한 자원봉사자에게 두꺼운 책을 읽도록 부탁할 때, 그녀는 이렇게 쓴다. "이것을 다 읽으려면 잠도 설칠 거예요. 여기에 당신을 돕기 위해 작은 커피 봉지가 있습니다." 사람들은 그녀에게 일을 받는 것을 너무나 좋아한다. 그녀는 즐거움을 만들어 낸다.

우리 출판사의 주요 책임자들인 우리는 종종 즐거움 만들기를 시도한다. 톰은 사장에 대한 사회의 고정관념을 깨뜨리기 좋아해 재미로 그의 전화 자동응답기에 이상하고 변덕스러운 인사말을 녹음해 둔다. 많은 사람들이 그의 최신 어릿광대 녹음을 듣기 위해 그에게 전화를 건다. 조아니는 긍정의 여왕 역할을 도맡는다. 그녀는 누군가가 어떤 옳은 일을 하는 것을 볼 때마다, 재미있는 작은 장난감이나 간식이나 또는 기발한 쪽지를 보낸다. 지도자들이 즐거움을 보여 주는 것은 분위기를 조성해서 사람들이 자유롭게 즐거움을 표현할 수 있게 한다.

놀이 분위기 만들기

예수님은 사역 기간 동안 어린이들에게 특별한 관심을 보이셨다. 그러나 그분은 상당한 위험 부담을 안고 그렇게 하셨다. 그 시대는 성인 중심의 사회로 어린이들을 귀찮은 존재로만 보았다. 예수님과 같이 중요한 선생이 말을 할 때는 근처에 어린이들은 얼씬거리지 못한다. 마태복음 19장 13-14절에서 일어난 일을 보라.

> "때에 사람들이 예수의 안수하고 기도하심을 바라고 어린아이들을 데리고 오매 제자들이 꾸짖거늘 예수께서 가라사대 어린아이들을 용납하고 내게 오는 것을 금하지 말라 천국이 이런 자의 것이니라 하시고"

우리는 이보다 앞서 마태복음에서 다음과 같은 말씀을 읽는다. "진실로 너희에게 이르노니 너희가 돌이켜 어린아이들과 같이 되지 아니하면 결단코 천국에 들어가지 못하리라"(마 18:3). 우리는 주님이 어린이들과 그들의 성품을 사랑하시는 것을 볼 수 있다. "그러므로 누구든지 이 어린아이와 같이 자기를 낮추는 그이가 천국에서 큰 자니라."(4절).

어린이들의 성품의 일부는 거침없는 놀이 분위기와, 놀이와 학습을 자유롭게 혼합할 수 있는 능력을 가졌다. 놀이를 통해 배우는 것은 어린이들의 학습 방법이다. 어린이들은 두려워 할 줄 모르는 탐험가로 주위의 모든 것에 간섭함으로 그들의 세계에 대해 배운다. 매일 새로운 모험이다. 혹 넘어지면 곧바로 일어나 다시 시도한다. 실패는 즐거운 학습과정의 자연스런 일부이지 결코 큰 문제가 되지 않는다.

그러나 우리 사회는 점차 자라는 학생들에게 학습은 무척 심각한 것이라고 가르친다. 학생들은 실패하면 끝장이라는 생각을 가지고 있어 시험에 합격하기 위한 수단으로 무미건조하게 학습내용을 기억해야 한다고 배운다.

콜린 로즈(Colin Rose)와 말콤 J. 니콜(Malcolm J. Nicholl)은 말한다. "어린 이들이 그토록 잘 배우는 한 가지 이유는 학습 진행에 대한 선입견을 갖지 않기 때문이다. 그들은 놀이와 공부가 상호 배타적인 활동이란 생각도 하지 않는다. 놀이는 학습 경험의 중요한 부분이다. 우리가 학습을 즐길 때, 우리는 더 잘 배운다."[5]

신학교 학장 레오나드 스위트(Leonard Sweet) 씨는 교회가 놀이 기분으로 돌아가야 할 필요에 대해 설교한다. 그리스도인의 삶을 일로 계속하여 언급하는 것은 그릇된 메시지를 전달하게 된다. 그와 아내는 결혼 생활을 일하는 것이 아니라, '놀이한다'(play)고 말한다. 얼마나 신나는 관점인가! 그는 교회 지도자들이 그토록 많은 강습회(workshop)를 개최하는 것을 중단하고 놀이회(playshop)를 제공할 필요가 있다고 본다.

"나는 무슨 일을 끝내고 싶으면 싶을수록 그것을 더욱더 일이라고 말하지 않는다."

- 리차드 바흐 (Richard Bach)

당신의 교회에서 즐거움을 창조하기 위해, 모든 연령의 학습자들과 더불어 놀이 분위기를 만들라. 만약 당신이 학습자들의 생각을 반 전체와 나누려면 게임으로 만들라. 공이나 다른 부드러운 물건을 던져서 그것을 받는 사람이 누구든지 자신의 생각을 말하게 하라. 그 사람이 다른 사람에게 던져서 대화를 진행시킨다. 만약 욥기를 공부하고 있다면, 고난이란 심각한 주제를 약간의 놀이로 사용하라. 학습자들에게 그들의 신체 어딘가에 있는 상처를 소개하고 배경을 이야기하게 하라.(물론 여기에 몇 가지 게임 규칙이 있어야 할 줄 안다. 어떤 상처의 흉터는 숨겨진 채로 두는 것이 더 좋을 수 있다.)

학습자들이 놀이 기분을 갖도록 게임이나 다른 즐거움의 요소들을 사용하라.

뇌물을 뜻밖의 놀랄만한 사건으로 대치하기

우리는 "이것을 하면 네가 저것을 얻을 것이다"를 피해야 함을 기억하라. 뜻밖의 놀라운 일이 환영받는 환경을 만드는 것은 본래적인 동기부여를 조성할 수 있다.

행정 사무를 담당하는 베티(Betty)는 너무도 많은 면에서 우리를 돕는다. 그녀는 실로 진정한 종이며 본래적 동기부여의 멋진 예가 될 수 있다. 우리는 가끔씩 베티를 놀라게 함으로써 작은 즐거움을 주기 좋아한다. 어느 날 우리는 그녀에게 외투를 입으라고 했다. "잠시 휴식 시간입니다." 우리가 말했다. 우리는 차를 타고 시내 중심가로 갔다. 그리고 우리는 그녀에게 빳빳한 새 돈으로 10만 원을 주면서 말했다. "베티, 이 돈으로 여기서 30분 동안 사고 싶은 것은 무엇이나 사세요. 30분 후에는 이곳으로 돌아와야 합니다. 베티가 사는 물건은 무엇이든 베티 것이 되지만, 한 푼이라도 돈이 남으면 그것은 돌려줘야 합니다. 자 그럼 얼른 시작하세요!"

그녀는 무슨 게임 쇼에 나간 사람처럼 쏜살같이 달려갔다. 그녀는 이 상점 저 상점을 잽싸게 들락날락 거리며 눈에 띄는 것은 무엇이든 샀다. 상점 점원들은 너무도 분주하게 서두르는 베티를 보고 얼떨떨한 표정을 지었다. 약속 시간까지 1분도 채 남지 않았을 때, 그녀는 구매한 물건들을 잔뜩 안고 우리가 있는 곳으로 돌아왔다. 그녀는 그럭저럭 그 돈을 거의 다 소비했다.

우리는 사무실로 돌아오는 내내 웃음보를 터뜨렸다. 그리고 베티는 즐거움으로 넘친 뜻밖의 쇼핑 잔치를 결코 잊지 않았다.

워싱턴 주에서 어린이들을 가르치는 샌디 라이트(Sandi Wright)는 아이들이 성구를 암송하거나 성경을 가지고 오거나 제 시간에 도착하면 '달란트'로 그들에게 보상하는 습관이 있었다. 어느 날 그녀는 달란트를 많이 모은 어린이들을 맥도날드에 가기로 했다. 어린이들이 버스에 타고 있을 때, 샌디는 시무룩한 표정으로 뒤에 서 있는 어린 소년을 보았다. "저는 갈 수 없어요." 그가 말했다. "저는 교회에 처음 왔기 때문에 달란트가 하나도 없거든요."

샌디는 잠시 생각하다가 말했다. "괜찮아, 어서 타. 그냥 다같이 가자." 어린 소년의 얼굴이 환해졌다.

"저는 이 때까지 한 번도 이겨 본 적이 없어요." 그 아이가 버스에 오르며 말했다.

바로 그때 샌디는 어린이들에게 경쟁하게 하는 것은 바람직하지 않다는 것을 깨달았다. 그녀는 학습 방식 전체를 바꾸었다. 그녀는 어린이들을 소그룹으로 나눈 후 그들에게 노래와 토론과 촌극을 통해 성경을 배우게 했다. 처음에 일부 아이들은 불평했다. "달란트는 왜 안 주세요?" 그러나 그들은 곧 유익한 학습 활동들을 즐기게 되었다. 그리고 가끔씩 샌디는 뜻밖의 일을 만들어 아이들에게 즐거움을 더하게 하여 본래적 동기부여를 높이도록 도왔다.

여러 해 동안 오하이오 주에서 청소년 사역을 해온 스티브 허들스톤(Steve Huddleston)은 매년 졸업하는 십대들 앞에 '최우수 청소년 상'을 흔들어 보였다. 그것은 한 학생만 뽑아 전체 회중 앞에서 상을 주는 것이었다. 최근에 스티브는 그의 방식을 바꾸기로 했다. 그는 졸업생 모두를 한 사람씩 상을 주어 학생들과 부모들 모두를 놀라게 했다. 모든 사람이 이를 기뻐했다!

즐거운 환경 만들기

즐거움은 재미있는 장소에서 보다 쉽게 생긴다. 당신의 장소는 어떻게 보이는가? 즐거움의 표시들이 보이는가?

우리 그룹 출판사의 직원들은 언제나 즐거움이 솟아나는 새로운 표시들을 유지한다. 한 번은 여러 직원들이 수시간 작업하여 건물 전체에 걸쳐 18홀 미니 골프 코스를 만들었다. 그 홀 중 하나는 도화지에다 고양이 톰이 입을 벌린 모양을 잘라내 만들었다. 직원들은 그것을 너무나 재미있어 했다! 물론 모든 사람이 그 코스를 시도하려면 모든 일을 멈추고 해야 했다. 그러나 즐거움 때문에 모두가 새로운 활기와 열정을 가지고 다시 일자리로 돌아온다.

우리는 언젠가 도로시(Dorothy)를 채용했다. 그러나 그녀는 말도 없고 조금 냉정했다. 또한 맥박을 찾기가 어려웠다. 왜냐하면 그녀는 인형이기 때문이다. 그러나 도로시는 그의 업무를 잘 수행했다. 그녀는 직원들에게 즐거움을 퍼뜨린다. 누군가가 휴가로 자리를 비우면, 도로시는 그 사람의 자리에 앉는다. 회의가 좀 길어지면 누군가가 분위기를 밝게 하기 위해 도로시를 화제에 올린다. 직원들이 밤에 숙직하는 사람들에게 약간의 놀라움을 주기 위해 도로시를 화장실 의자에 앉혀 놓는다. 도로시는 이제 우리의 즐거운 환경의 일부이다.

당신의 환경은 즐거움을 제공하는가? 여러 가지 방법으로 즐거움이 가득한 분위기를 만들 수 있다. 즐거움을 주는 실내장식을 하라. 거대한 고기잡이 그물과 같은 재미있는 물건들을 가져 오라. 극장식 팝콘 기계를 설치하라. 과거 교회 행사 때 찍은 재미있는 사진들을 크게 확대하라. 주차장에 한 자리를 따로 떼어 "지각자만 세우세요"라는 표지판을 붙여라. 교회 주방에 커다란 요리사 모자를 비치하라. 교회 직원들의 아기때 사진들을 붙이고, 교인들에게 누가 누구인지 맞춰 보게 하라.

마음을 편하게 가지라. 지역 주민들에게 당신의 교회가 기쁨을 귀하게 여기는 것을 알게 하라. 즐거움과 기쁨은 교회의 적절한 상징들이다. 사람들은 기쁨과 용서와 은혜와 즐거움의 환경을 갈구한다. 그리스도인들로서 만약 우리가 기쁨을 광고하지 못한다면, 우리는 비그리스도인들이 우리에게 관심을 갖기를 기대하지 말아야 한다. '모든 지각에 뛰어난 평강'은 우리 얼굴에 미소를 가져와야 한다.

그러나 즐거움을 옹호하는 것이 부적절한 묘기를 부리라는 것은 결코 아니다. 즐거움을 만들기 위해 어리석거나 당황하게 되는 일을 할 필요는 없다. 당신의 교회에 맞는 즐거움의 요소들을 당신이 선택하라. 당신에게 맞는 방법으로 즐거움을 찾으면 된다.

4부
좋은 땅에 떨어진 씨앗

"더러는 좋은 땅에 떨어지매
혹 백 배, 혹 육십 배, 혹 삼십 배의 결실을 하였느니라
좋은 땅에 뿌리웠다는 것은 말씀을 듣고 깨닫는 자니
결실하여 혹 백 배, 혹 육십 배, 혹 삼십 배가 되느니라"
마태복음 13:8, 23

The Dirt on Learning

10장 성공적인 수확의 징표

하나님의 말씀을 실천할 기회를
학습자들에게 주는 것은
말씀에 대한 이해를 돕고,
수확의 증거를 보여주는 것이다.
실천은 학습자들이 메시지를 이해하는 것을 돕는다.
그리고 이해는 결과를 낳는다.

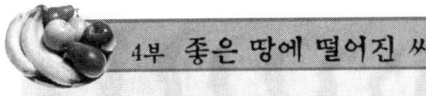

4부 좋은 땅에 떨어진 씨앗 — Falling on Good dirt

예수님은 이제 씨 뿌리기의 진짜 목적을 우리에게 말씀하신다. 그분은 단순히 씨앗을 뿌리거나 잡초를 뽑아내는 데 흥미를 갖지 않으신다. 예수님의 한 가지 유일한 목적은 바로 '수확'이다.

네 번의 서로 다른 시도에서 이제 수확이 성공한다. 그 서로 다른 시나리오에서, 동일하게 좋은 씨앗이 뿌려졌다. 그리고 네 시나리오에서 씨 뿌리는 자 역시 좋은 사람이었고 동일 인물이었다. 그러나 바로 이 동일한 씨 뿌리는 자가 네 개의 서로 매우 다른 결과를 목격했다. 오직 마지막 시도만 수확을 내었다.

우리의 이야기는 성공적인 수확을 생산하는 좋은 땅이 있는 농장에서 끝난다. 뿌려진 모든 씨앗에서 우리는 삼십 배, 육십 배, 백 배의 결실을 본다. 일부 성경학자들은 예수님의 시대에서 열 배의 수확도 성공으로 간주되었다고 말한다. 이 삼십 배, 육십 배, 백 배의 결실은 눈부신 수확이었다! 왜 이 농사가 그토록 잘되었는가?

예수님은 우리에게 네 번째 밭이 좋은 땅으로 되어 있다고 말씀하신다. 그것의 밀도와 상태, 준비, 관리가 너무 잘 되어 있어 연한 씨앗이 힘있게 자랐다. 이 씨앗을 받은 사람은 말씀을 듣는 것 이상을 했다. 그는 말씀을 이해했다. 그는 단순히 시늉만 한 것이 아니었다. 그 상태가 너무 좋아 말씀이 그에게 개인적으로 의미를 가졌다.

일단 듣는 이가 말씀을 진실로 이해하면 어떤 일이 생기는지 보라. 그것은 삼십 배, 육십 배, 백 배로 증가되었다. 성장이란 바로 이런 것을 말하는 것이다. 당신이 그와 같은 생산을 한다면 교회에 어떤 일이 일어나겠는가? 삼십 배, 육십 배, 백 배의 비율로 증가하는 것이 어떤 영향을 미칠지 상상할 수 있는가?

밭 준비

버드 씨는 좋은 흙에 대해 안다. 그는 오랫동안 농사를 지어봐서 밭을 자세히 살펴보아도 좋은 수확을 낼 것인지 어떨지를 말할 수 있다.

고도의 생산성을 가진 좋은 밭은 결코 우연이 아니다. 밭은 좋은 수확을 내기 위해 일을 요구한다. 그것은 씨 뿌리기가 시작되기 전에 준비되어야 한다. 버드 씨는 가을에 내년 농사할 땅을 준비하는 노력을 쏟는다. 그는 "이렇게 하면 봄에 어린 씨앗들이 보다 쉽게 자랄 수 있다"고 말한다.

여기에 우리에게 주는 교훈이 있다. 만약 우리가 좋은 수확에 관심을 둔다면, 우리는 미리 땅을 준비할 필요가 있다. 그것은 노력할 가치가 있으며 수확에도 영향을 미친다.

버드 씨는 그의 밭들을 최대로 활용하는 방법을 안다. 그의 생산량은 종종 주변의 다른 밭의 생산량을 훨씬 능가한다. 그는 어떻게 매년 그렇게 하는가? 우리는 그에게서 한 가지 비결을 더 짜낼 수 있었다. 이 비결 역시 교회를 위해 위대한 가능성을 지닌다. 버드 씨는 그의 비결을 이렇게 말한다.

> "우리는 새로운 방법들을 기꺼이 시도하려 한다. 작년에 우리는 24개의 서로 다른 시험 재배 밭을 만들어 일했다. 만약 어떤 방법이 우리가 작년에 한 것을 능가하면, 우리는 그 방법으로 바꿀 것이다."

여기에 50년 동안 농사를 지은 사람이 있다. 누군가가 동일한 일을 반세기 동안 해오고 있다면 쉽게 자기 방법에 안주할 것이다. 그러나 버드 씨는 그렇지 않고 언제나 보다 나은 방법을 찾는다. 그는 변화에 열려 있고 참신한 아이디어들이 그의 생산량에 중대한 영향을 미칠 수 있다는 것을 안다. 따라서 그는 옛 방식에 집착하지 않는다. 그는 '지나간 좋은 날들'을 그리워하지 않는다. 또한 위대한 농부는 기대와 더불어 그의 밭을 경작한다는 것을 안다.

당신은 자신의 방법에 고착되어 있는가? 아니면 당신의 생산량을 크게 증가시킬 수 있는 몇몇 새로운 일들을 시도할 준비가 되어 있는가?

제10장

성공적인 수확의 징표

하나님의 말씀을 실천할 기회를
학습자들에게 주는 것은
말씀에 대한 이해를 돕고,
수확의 증거를 보여주는 것이다.
실천은 학습자들이 메시지를 이해하는 것을 돕는다.
그리고 이해는 결과를 낳는다.

'좋은 땅'의 사람은 말씀을 듣고 이해하며 큰 수확을 낸다. 사람들은 수없이 이 비유를 들어도 그 요점을 놓칠 수 있다. 여기서 그 요점은 수확 즉 '결과'이다.

예수님은 결과지향적이시다. 이 비유나 또는 사역에 대해 생각할 때, 만약 우리가 씨앗에 초점을 둔다면 우리는 요점을 놓친다. 하나님 말씀의 목적은 단순히 존재하거나 들려지거나 또는 뿌려지는 것이 아니다. 또한 씨 뿌리는 자의 목적은 단순히 씨를 뿌리거나 또는 정확하게 뿌리는 것이 아니다. 그것은 '수확'이다.

이것은 교회를 위한 비유 메시지이다. 우리는 정열적으로 설교할 수 있다. 웅변적으로 가르칠 수 있다. 또 열정적으로 전도할 수 있다. 그러나 만약 우리의 노력을 그런 기준들에 근거해 평가한다면, 우리는 요점을 놓치게될 것이다. 중요한 것은 우리의 노력의 결과이다.

우리는 종종 강습회를 시작할 때 참여자들에게 교회에서 학습의 바람직한 장기적 결과에 대해 생각해보도록 요청한다. 우리는 묻는다. "기독교 교육의 목적은 무엇인가? 당신의 학습자들이 당신을 떠난 후에도 오랫동안 그들의 삶에 영향을 미칠 것을 가르치기 원하는가?" 교육자, 청소년 사역자, 어린이 사역자, 목사, 기독교 교육 담당자들로 된 우리의 청중은 대개 멋진 목표들을 제안한다. 그들은 다음과 같은 것들을 언급한다.

- 예수 그리스도와의 밀접한 관계
- 다른 사람들을 섬기는 일에 헌신됨
- 그리스도인의 생활 방식을 따라 사는 것
- 세상의 '빛과 소금'이 되는 것

여기서 재미있는 것은 우리가 이 제안을 교회 지도자들과 행한 경우, 한 사람도 학습자들을 위한 장기적 목적이 애굽에 내린 열 가지 재앙을 기억하는 것이거나 고린도전서 13장을 암송하는 것이거나 또는 동방박사가 아기 그리스도를 방문했을 때 당시의 왕의 이름을 아는 것이라고 말하지 않았다는 점이다.

우리의 마음을 불편하게 한다. 이는 우리가 원하는 것과 하고 있는 것 사이에 큰 차이가 있기 때문이다. 우리는 학습자들이 참된 열매를 맺기를 원한다고 말하면서, 너무 많은 시간을 그런 과정과는 조금도 상관이 없는 활동에 쏟고 있다.

이것을 다른 관점에서 보면 부모들에게 비슷한 질문을 물어볼 수 있다. "당신의 자녀가 어떤 사람이 되기를 원합니까?" 부모들은 종종 '행복한 사람', '남을 돌아보는 사람', '주는 사람', '사회에 기여하는 사람' 등을 말한다. 대부분의 부모들은 그와 같은 가치들을 어떻게 주입하는가? 그들이 자녀들에게 낱말 찾기 퍼즐에서 '행복한'이란 낱말을 찾도록 시키는가? 10대

자녀들에게 "나는 사회에 ○○사람이 될 것이다"와 같은 빈칸 채우기 학습지를 풀게 하는가?

아니다. 우리는 현명한 부모들은 보다 결과지향적이라고 믿는다. 그들은 자녀들이 지니기를 바라는 특질들을 직접 가져다 주는 방식들로 시간을 사용한다. 만약 어린 수지(Susie)가 동생과 무엇을 나누기를 원한다면, 부모들은 수지 앞에 학습지를 내밀거나 나눔에 대한 수필을 읽도록 요구하지 않는다. 그들은 그 아이가 나눔의 의미와 필요와 유익들을 이해하도록 도울 것이다. 그리고 바로 그 자리에서 수지가 동생과의 나눔을 경험하게 할 것이다. 그 행동들은 수지를 나누는 사람으로 이끌어 갈 것이다. 그것이 바로 목적이고 바라던 결과이다.

그 목적은 너무나 분명해 보이지만 그럼에도 수세기 동안 우리는 그 요점을 놓쳐 왔다. 어쩌면 그 때문에 예수님은 씨 뿌리는 자의 비유를 우리에게 말씀하셨을지 모른다. 그분은 우리의 관심에 열매를 집중시키기 원하신다. 중요한 것은 바로 그것이다.

이해를 처음으로

"좋은 땅에 뿌리웠다는 것은 말씀을 듣고 깨닫는 자니…." (마 13:23) 말씀을 듣는 것만으로는 충분하지 않다. 사람들이 그것을 반드시 이해해야 한다. 이 비유는 이해가 결실의 선결 조건인 것을 말해준다.

먼저 우리는 학습자들이 말씀을 이해하는지를 분명히 알아야 한다. 듣고, 읽고, 암기하는 것만으로도 충분하지 않다. 예수님은 이 비유를 통해서 만약 우리가 이해의 중요성을 깨닫지 못한다면 쉽게 탈선할 수 있다는 것을 보여 주신다.

다른 예도 역시 예수님이 어떻게 이해를 결실의 선결 조건으로 두시는지를 입증한다. 마가복음 5장 1-20절에서 예수님이 귀신들린 사람을 고치신 생생한 이야기를 찾아 보라. 여기서 예수님은 무덤 사이에서 비틀거리며 달려나온 무시무시한 어떤 사람과 마주친다. 예수님은 귀신들을 명하여 그 사람에게서 떠나게 하신다. 그들은 즉시로 2천 마리의 돼지 떼에게 들어갔고, 그 돼지 떼는 바다에 빠져 몰사했다. 놀라운 이야기이다. 그런데 그 열매는 무엇인가? 그 바라던 결과는 무엇인가? 18-20절에 그 결과가 나온다.

> "예수께서 배에 오르실 때에 귀신 들렸던 사람이 함께 있기를 간구하였으나 허락지 아니하시고 저에게 이르시되 집으로 돌아가 주께서 네게 어떻게 큰 일을 행하사 너를 불쌍히 여기신 것을 네 친속에게 고하라 하신대 그가 가서 예수께서 자기에게 어떻게 큰 일 행하신 것을 데가볼리에 전파하니 모든 사람이 기이히 여기더라."

예수님은 이 사람이 이해하기를 원하셨다. 그리고 그 사람의 가족이 이해하기를 원하셨다. 이 날 뿌려진 씨앗은 확실히 삼십 배, 육십 배, 백 배 결실을 거뒀다. 이는 그 사람이 예수님이 누구신지, 그에게 무엇을 행하셨는지를 이해했기 때문이었다. 그는 다른 사람들 역시 이해하도록 그 말씀을 데가볼리의 10개 이방 도시에 전파했다.

또 예수님이 제자들의 발을 씻기신 데서 주신 교훈도 보라. 베드로가 그의 발 씻기를 거부하자 예수님이 뭐라고 말씀하시는가? "나의 하는 것을 네가 이제는 알지 못하나 이 후에는 알리라"(요 13:7). 비록 처음에 베드로가 혼란스러워 했으나, 예수님은 이 잊지 못할 학습경험을 사용해 그분의 추종자들이 그의 메시지를 이해하는 것을 돕고자 하셨다. 겸손한 섬김의 메시지를 이해하는 것은 이 사람들이 많은 양의 수확을 내는 데 선결 조건이었다.

메시지를 이해하는 것은 말씀에 입각한 행동을 낳고, 그것은 다시 결과를 낳는다. 예수님은 매우 자주 이해에 대해 언급하셨다. 여기에 다른 보기들이 있다.

- "이 모든 것을 깨달았느냐?" (마 13:51).
- "…듣고 깨달으라" (마 15:10).
- "너희가 아직도 깨닫지 못하느냐…" (마 16:9).
- "…읽는 자는 깨달을진저' (마 24:15).
- "이에 저희 마음을 열어 성경을 깨닫게 하시고" (눅 24:45).

예수님의 사역에서 볼 때 이해는 믿음과 행동을 낳는다. 예수 그리스도에 대한 믿음은 생각 없는 의식(儀式)이나 최면적인 행동을 낳지 않는다. 그리스도에 대한 신앙은 생각을 요구한다. 그것은 이해에서 온다. 그러나 이 이해는 모든 사람의 손이 미치는 곳에 있다. 예수님은 말씀하셨다. "내가 진실로 너희에게 이르노니 누구든지 하나님의 나라를 어린아이와 같이 받들지 않는 자는 결단코 들어가지 못하리라" (막 10:15). 어린아이의 이해는 믿음과 열매를 낳을 수 있다.

이해가 먼저 온다. 이해가 없다면 우리는 길가에, 돌밭에 그리고 가시밭에 씨앗을 헛되이 뿌리고 있을 뿐이다.

수확이란 무엇인가?

그 비유는 뿌려진 것의 삼십 배, 육십 배, 백 배의 수확에 대해 말한다. 이 수확이란 무엇인가? 가르치는 자들이 거두는 것은 과연 무엇인가? 그것이 도표 가득 붙은 학생들의 스티커인가? 그들이 외운 암송구절인가? 문제를 다 푼 학습지인가?

농부 버드 씨는 그가 왜 심는지, 왜 경작하는지, 왜 잡초를 뽑는지를 안다. 그의 시간은 추수와 수확에 집중되어 있다. 그는 마지막 결과를 위해 그토록 많은 시간과 노력을 투자한다. 그리고 그 결과는 양적, 질적으로 측정될 수 있다. 그는 에이커 당 나오는 가마니 수와 추수한 곡물의 품질에 관심을 쏟는다.

우리의 일 역시 비슷하게 볼 수 있다. 교회에서 우리의 수확 역시 양적으로 또 질적으로 측정될 수 있다. 우리는 주님과 관계를 나누는 영혼들의 숫자와 개인들의 신앙의 질과 깊이와 표현에 관심을 가져야 한다.

갈라디아 5장 22-23절에 열매들의 특질에 대한 보기가 나온다.

> "오직 성령의 열매는 사랑과 희락과 화평과 오래 참음과 자비와 양선과 충성과 온유와 절제니…."

성령의 9가지 열매를 검토해 보라. 그것들을 설교하는 것만으로 족할 것인가? 만약 학습자들이 이 성령의 열매를 암송할 수 있다면 우리가 효과적인 교사일 수 있는가? 이런 특질들이 어떤 사람 속에 있다는 것을 어떻게 알 수 있는가? 그 존재와 가치를 입증하기 위해 성령의 열매가 실천될 필요는 없는가?

> "어린이들에게 가치관에 대해 강의하는 것만으로는 충분하지 않다. 그들은 그것을 실천할 필요가 있다."
>
> - 다니엘 골만, 「감정 지능」

그것은 너무나 명백해 보인다. 그러나 교회에서 우리는 자주 그 명백한 것을 간과했다. 우리는 많은 시간을 설교에 쏟으나 학습자들에게 설교한 것을 실천하게 하는 데는 그다지 시간을 투자하지 않는다.

하나님의 말씀을 실천할 기회를 학습자들에게 주는 것은 말씀에 대한 이해를 돕고, 수확의 증거를 보여주는 것이다. 그러나 우리는 뿌리는 데만 지나치게 열중하고 그 씨앗이 열매를 맺을 성숙한 식물로 자라기 위해 필요로 하는 행동에는 무관심하다.

몇 해 전에 우리는 어느 교회의 목사가 인도하는 장년 성경공부반에 참석

했다. 그 날의 주제는 기도였다. 그 목사는 적절한 성경구절에 대한 세밀하고 훌륭한 주석을 제공했다. 그 시간이 끝날 무렵, 한 여성이 아침에 소송 문서를 전달받았다고 말했다. 그녀의 목소리가 떨리는 것으로 보아 그녀는 두려움과 불안을 느끼고 있는 것이 분명했다. 그녀는 20명이나 되는 이 사람들 앞에서 상처 입기가 매우 쉬웠다. 그 목사는 긴장된 분위기를 부드럽게 하기 위해 웃으면서 말했다. "그 사람들 참! 주일날 아침에 소환장을 전달하다니! 그 시간에 교회나 나올 일이지." 그리고 나서 그는 다시 그의 가르침으로 돌아갔다. "자 야고보서 5장 16절은 우리가 '병 낫기를 위하여 서로 기도하라'고 말합니다. 이것은 야고보서의 거의 끝 부분에 있습니다…" 그는 계속해서 가르쳤다. 결국 씨를 뿌리기에만 바빴다.

그 목사는 요점을 놓쳤고 붙잡지 못했다. 그는 바로 코앞에 매우 적절한 학습과 사역의 기회가 돌출되어 있었으나, 가르치는 데 너무 정신이 팔려 있었다. 여기에 야고보가 쓰고 있는 이런 기도를 필요로 하는 한 여성이 있었다. 그리고 여기에 기도의 능력을 바로 그 자리에서 실천해 볼 수 있을 사람들이 있었다. 그러나 그 목사는 씨를 뿌리기를 원했다.

교회가 거의 전적으로 가르침에만 집중해 왔기 때문에 우리는 명백한 것을 놓친다. 우리는 배움에 대해 생각하지 않는다. 또한 학습자들에게 배우는 것을 바로 그 자리에서 실천할 기회를 주는 것을 생각하지 않는다. 실천은 학습자들이 메시지를 이해하는 것을 돕는다. 그리고 이해는 결과를 낳는다.

결과는 이해를 요구하고 이해는 결과를 요구한다. 이 결과는 수확이다.

우리 그룹 출판사 출간한 책「지루함을 깨뜨리는 가르침의 기술」에서 수확에 대한 질문을 제기한 것이다.

학생들이 선한 사마리아인에 대한 비유를 잘 배웠다는 것을 가장 잘 보여 주는 것은 다음 중 어떤 것인가?
① 본문 전체를 한 자도 틀리지 않고 다 외운다.
② 비유를 자기 말로 다시 표현할 수 있다.
③ '선한 사마리아인'과 같은 행동을 한 사람의 예를 들 수 있다.
④ AIDS에 걸렸다는 소문 때문에 왕따를 당한 학생을 찾아가 같이 점심을 먹는다.[1]

우리가 결과에 초점을 맞출 때 그것은 교육에 대한 우리의 전체 접근 방식을 바꾼다. 교육자의 성공은 결과에 달려 있다.

수확량 평가

교회는 교육적 결과 즉 수확과 관련해 두 가지 문제를 가진다. 첫째는 추수가 실로 목적이란 점을 기억하는 것이다. 둘째는 그 수확의 만족을 보증하기 위해 측정하는 장치를 만드는 것이다.

버드 씨는 추수와 추수량의 측정에 초점을 맞추는 것은 지극히 당연한 일이다. 그는 다른 식으로는 농사를 경영하지 않을 것이다. 그러나 교회는 종종 다른 것에 마음을 빼앗긴다. 교회에서 효율성 측정은 교재를 다룬 양과 학생들의 학습지 완성, 암송 구절의 수, 학생들의 질서정연, 교사의 만족감과 같은 것들에 근거한다. 만약 우리가 그것을 사용해 교육적 효율성을 측정한다면 씨 뿌리는 자의 비유는 우리에게 결코 수확을 거두지 못할 것이라고 충고한다.

교회는 씨와 파종의 양을 정하는 대신 왜 참된 수확을 측정하지 않는가? 학습자들이 얼마나 배우는지, 그들이 얼마나 보유하는지, 배운 것을 일상 생활에 어떻게 적용하는지, 그리고 얼마나 많은 새로운 학습자들이 출석하는지를 측정하지 않는다.

공교육 체제는 평가(assessment)란 낱말을 사용해 학문적 측정을 설명한다. 평가를 분석해 보자. 평가의 목적은 무엇인가? 많은 사람들은 평가가 학생들의 학업 성취도를 측정한다고 믿는다. 또한 평가의 주된 가치는 학생들의 노력의 정도를 비교하고 판단하는 것이라고 믿는다. 그러나 우리는 다른 견해를 가진다. 교회에서 평가의 주된 목적과 가치는 교사와 교과과정의 성취를 측정하는 것이라고 주장한다. 우리는 만약 수확량이 높다면 교사와 교과 과정들을 더욱더 격려하고 권장한다. 그러나 수확량이 낮다면 교사와 교과 과정들에 일부 변화를 시도할 때이다.

메리 제인 드럼몬드(Mary Jane Drummond)는 자신의 책 「보기 위한 학습」(Learning to See)에서 이렇게 말한다. "효과적인 평가는 관찰과 숙고를 통해 학생들의 학습에 대한 이해가 교과 과정을 평가하고 보강하는 데 사용되는 하나의 과정이다."[2]

평가는 우리의 생산을 증가시키기 위해 필수적이며 씨 뿌리는 자의 비유의 경영 원리이다. 예수님은 뿌려진 것의 삼십 배, 육십 배, 백 배의 수확량을 밝히심으로써 그분의 중요한 요점을 지적하신다. 좋은 땅에 씨를 뿌리는 성공적인 전략은 생산량의 평가에 의해 입증된다. 그 평가는 우리로 하여금 좋은 땅에 더욱더 씨를 뿌리도록 격려한다.

평가 내용

우리는 앞에서 의미의 이해 없이 사실만 가르치는 문제에 대해 언급했다. 단순한 사실들만 가르치는 것의 문제는 평가의 초점을 단기적 기억에 맞출 때 더욱 심화된다. 그와 같은 평가는 학습자와 교사들에게 사실을 수집하는 것이 진정한 목적이란 메시지를 보낸다. 그럴 수밖에 없는 것은 측정되는 것이 바로 그것이기 때문이다. 그러나 예수님은 씨 뿌리는 자의 비유에서 단순한 사실의 수집이 아니라 이해가 참된 결과를 낳는다는 것을 분명히 말씀하신다.

우리 학교에서는 무엇을 평가해야 하는지에 관해 비슷한 문제들로 씨름한다. 로나 M. 얼(Lorna M. Earl)과 폴 G. 르마유(Paul G. LeMahieu)는 공립학교 교사들과 행정가들을 위한 '평가와 책임성에 대한 재고'(Rethinking Assessment and Accountability)란 글을 썼다. 다음은 그것에서 발췌한 내용이다.

> 지식과 학습에 대한 일반적인 주된 신념들은 제조 방식과 일치했다. 지식은 한 곳에서(교사의 머리, 교과서, 칠판 등) 다른 곳으로(학생의 머리로) 이동되어야 할 물건처럼…간주되었다. 두드러진 교수 방법들은 반복연습, 암송, 학습지와 같은 것들이었다. 평가는 학습된 자료의 기억과 재구성과 반복에 초점을 두었다. 판단을 위한 기준은 가르쳐진 자료가 시험에서 똑같이 재현되는 것이었다. 그러나 세상이 변했기 때문에, 그 공장 모델은 부적절한 것으로 드러나고 있다.[3]

사실에 근거한 질문을 묻는 것은 열매 맺을 수 있는 학습자의 능력에 대한 유용한 평가 정보를 주지 않는다. 그리고 학생에게 성경구절을 단지 앵무새처럼 되뇌게 하는 것은 말씀에 대한 이해의 깊이와 적용도 말해주지 않는다. 우리는 이해와 적용을 위해 평가할 필요가 있다.

메리 드럼몬드는 단순한 사실을 어린이들에게 묻는 것과 관련해 또 다른 흥미로운 문제점을 지적한다.

> 학생들은 교사의 얼굴과 몸짓과 억양에서 알아 낼 수 있는 모든 단서를 사용하는 데 능란하다. 자신도 모르게 학생들의 반응이 틀렸다고 표현하였을 때, 학생들은 놀라울 만치 재빨리 자신의 생각을 바꾼다. 만약 우리의 질문들이 고도의 예측 가능한 문제와 해답들을 어린이들이 얼마나 잘 맞추는가에 초점을 둔다면, 우리는 학생들의 학습을 살필 기회를 전혀 가지지 못한다. 우리는 평가하고 있는 학습에 상응하는 사고 활동을 조금도 하지 않고, 요구되는 대답을 점치는 어린이들의 능력을 과소평가하지 말아야 한다.[4]

평가 방법

우리는 학습의 수확량을 측정하기 위해 평가하는 방법을 찾아야 한다. 또 하나님의 말씀의 이해와 말씀의 기억과 삶의 적용을 평가할 필요가 있다. 가장 좋은 평가 방법 중 하나는 학습자의 행동을 관찰하는 것이다. 학습자들에게 동정에 대해 가르친 후에 동정적인 행동의 증거가 바로 나타나는가? 용서에 관해 수업한 후, 학생들이 친구나 가족을 용서한 이야기를 하는가?

이전 수업에 대한 이해와 기억의 증거가 나타나는가? 미시건 주의 교사 린다 프리만(Lynda Freeman)은 「예수 마당 성경공부」 교재로 5학년 학생들에게 "유행은 바뀌나, 예수 그리스도는 영원하시다"란 주제를 가르쳤다. 그 반의 한 소녀는 인형을 사기 위해 돈을 모으고 있었다. 그 공부를 하고 난 몇 주 후에 그 소녀가 린다에게 말했다. "선생님, 저는 인형을 사는 데 많은 돈을 썼었어요. 그러나 그것은 유행에 불과해요. 정말 중요한 것은 예수님과 저와 관계이지요." 그것은 이해와 기억과 적용에 대한 훌륭한 평가이다.

이해와 기억과 적용을 평가할 수 있는 많은 방법들을 살펴보자.

1. **관찰.** 학습자들의 행동에서 학습된 교훈의 예들을 살펴보라.
2. **구두 반응.** 학습자들에게 무엇을 배웠는지를 물어라. 수업 후에 곧바로 묻고, 몇 주 후에 그것을 다시 물어라.
3. **문서로 기록.** 학습자들에게 기도일지나 편지, 학급 소식지 등을 쓰게 하라. 그들의 작품에서 학습을 점검하라.
4. **그림.** 학습자들로 하여금 성경 이야기나 벽화나 만화를 그리게 하라.
5. **실천.** 학습을 실생활로 연장하라. 베풂에 대한 공부를 한다면 학습자들 힘을 함께 모아 실제로 가난한 사람들에게 베푸는 활동을 하게 하라.
6. **자기 평가 도구들.** 학습자들에게 연초와 연말에 동일한 평가 척도를 주라. 자신들이 얼마나 영적으로 자랐는지, 무엇이 그들의 성장에 기여했는지 그리

고 계속하여 자랄 수 있는 영역들은 어디인지를 평가하게 하라.

7. **서류철**. 학습자들의 배움을 보여 주는 작품을 보관하라. 그 서류철을 절기마다 집으로 보내서 부모들에게 학생들의 진보를 살피고, 그 서류에 서명해서 교사에게 다시 돌려주게 하라.

8. **교사 · 학생 면담**. 이것은 매우 간단할 수 있다. 학생을 아이스크림 집으로 불러내, "이번 학기에 배운 것 중 네 삶에 변화를 가져온 것이 무엇이지?" 와 같은 기본적인 질문들을 물어라.

9. **학부모 · 교사 · 학생 면담**. 연초에 서로 만나, 논의하며, 교육에 대한 상호 기대를 적어 두라. 연말에 이 메모들을 다시 살피며 성장을 확인하고 칭찬하라.

10. **소그룹 면담**. 4명 이하의 소그룹을 만들어 그들의 성장을 함께 평가하게 하라. 그들에게 "우리는 목표를 얼마나 잘 성취했는가?" 와 같은 평가 지침이 되는 3-4개의 질문들을 주라.

11. **일기**. 학습자들에게 일기를 쓰게 하라. 노트 지면을 두 칸으로 나누어 각각 '내가 배운 것' 과 '미래 목표' 를 쓰게 하라.

12. **학급 스크랩북**. 학습자들이 활동하는 사진을 찍어라. 학습자에게 스크랩북에 그 사진들을 붙이고, 그 밑에 하나님의 말씀을 어떻게 삶에 적용했는지 간단히 적게 하라.

13. **신앙사 기획**. 학습자들에게 자신의 신앙 역사의 연대기를 만들게 하라. 사진과 중요한 사건들이 일어난 날짜와 자신들이 영적으로 성장하는 것을 지켜본 사람들이 보낸 편지들과, 관찰 기록 등을 사용하라.

14. **비디오 제작**. 학습자들에게 공과의 목표를 통합하는 비디오를 만들게 하라. 예를 들면 성경의 현대판 비유 연출.

15. **오디오 제작**. 연초에 각 학습자와 면담할 때, 그가 배워야 하는 것을 반영하는 10가지 질문들을 녹음하라. 예를 들면, "하나님은 누구신가?" 연말에 동일한 질문과 테이프를 사용하여, 학습자들이 그것을 듣고 차이점에 대해 논평하게 하라.

16. **살아있는 성경 박물관**. 학습자들이 공부한 성경의 등장인물로 분장하고, 성경 이야기들을 위한 배경을 만들며, 관련된 전시품을 만들게 하라. 성경의 등장인물로 분장한 학습자들이 관광 안내인이 되고 다른 반 학생들이 박물관을 구경하는 것을 안내하게 하라.

17. **이야기 상자**. 각 학습자가 성경의 등장인물이 소지하거나 사용했을 물건들로 상자를 채우게 하라. 그 다음 한 사람씩 자기 상자를 다른 학생들에게 보여 주면서 그 성경 인물을 알아맞히게 하라.

18. **드라마 연출**. 학습자들이 배운 것들을 결집하여 팬터마임이나 음악극 또는 단막극 등의 드라마로 연출하게 하라.

19. **살아있는 성구**. 단원을 시작할 때 학습자들에게 교실 밖에서 실천이 필요한 성경구절들을 나누어 주라. 각 학습자와 부모들이 각 구절이 언제 어떻게 적용되었는지를 확인하는 난에 서명하게 하라.

20. **개인의 사정에 맞춘 교육 프로그램**. 종이에 학습자의 필요들을 적고, 그 어린이가 그 영역들에서 자라도록 교사의 계획과 목표를 달성했는지를 확인할 방법을 기록하라. 정기적으로 각 학습자의 프로그램을 위해 기도하고, 그 목표를 달성하기 위한 당신의 노력을 평가하라.

21. **일일 교사**. 단원이 끝난 후에 학습자들이 조별로 협력하여 나이 어린 학습자들에게 가르칠 공과를 만들게 하라. 그 다음 그 공과를 교사에게 먼저 선보인 후, 나이 어린아이들의 반에서 그들이 실제로 그것을 가르치게 하라.

22. **음악**. 학습자가 배운 것을 노래로 만들게 하라. 그 노래를 회중에게 가르치게 하라.

23. **보여 주고 말하기**. 학습자들이 각자 집에서 공과의 목표를 예시하는 물건을 하나씩 가져오게 하라. 예를 들어 학생들이 그리스도의 몸을 이루는 지체임을 배웠다면, 어떤 학습자는 그의 음악적 재능을 보여 주는 악기를 가져올 것이다.

24. **역할극**. 한 단원이 끝난 후 공과 내용의 적용을 담은 시나리오를 제시하라.

그 다음 학습자들에게 문제 해결책을 역할극으로 꾸미게 하라.

25. "왜?" 그룹. 학생들을 4명 이하로 조를 만들어 조별로 동그랗게 둘러앉게 하라. 한 학습자에게 그가 하나님에 대해 배운 것을 간단히 말하게 하라. 그 조의 나머지 학생들은 그 학생이 더 이상 할 말이 없을 때까지 "왜"를 묻게 하라. 돌아가며 모든 사람이 자기가 배운 것을 진술하는 기회를 가질 때까지 계속하라.

학습을 진정으로 평가할 수 있는 많은 방법들이 있다. 당신과 학생들에게 맞는 효과적인 방법을 선택하라. 중요한 것은 시작하는 것이다. 이해와 기억과 적용을 위해 평가하라. 당신의 목적은 어느 학생이 영특하고, 둔한지를 아는 것이 아니다. 당신의 목적은 씨를 뿌리는 방식이 단단히 굳은 길가와 돌밭과 가시밭을 피하기 위해 어떻게 바뀌어야 하는지를 아는 것이다.

만약 당신의 교회 목사가 회중에게 "여러분은 지난주 설교에서 무엇을 기억합니까?"와 "지난주에 그 메시지가 여러분의 삶에 어떤 영향을 미쳤습니까?"를 묻기만 해도 당신의 교회의 설교는 새로운 국면을 띠는 것이 분명하다.

만약 교사들이 학습자들에게 "여러분은 지난 주 공과에서 무엇을 기억합니까?"와 "지난주에 여러분은 그 배운 것을 어떻게 실천했습니까?"를 묻는다면 그들의 가르침이 보다 효과적이 될 것이 분명하다. 그들은 진정한 학습의 좋은 예가 되는 교과 과정을 선택하기 쉬울 것이다. 그리고 당신의 교회는 뿌려진 씨앗의 삼십 배, 육십 배, 백 배의 결실을 보기 시작할 것이다.

풍성한 추수를 위한 준비

오늘날 버드 씨의 생산량은 과거 어느 때보다 크다. 사실 오늘날 그가 옥수수 씨앗을 심을 때, 그는 하나 당 오백 배의 결실을 얻는다! 그것은 그가 더 열심히 오래 일했기 때문이 아니다. 그 이유는 변화를 기꺼이 수용하려는 그의 자세 때문이다.

어떤 사람은 농부들을 흙에서 일하는 구식 얼간이로 본다. 농업은 세상에서 가장 오래된 직업이며, 오늘날 높은 생산량을 내는 농부들은 결코 구식이 아니다. 그들은 능률적인 고도의 첨단 기술을 그들의 경영에 이용하며 장비와 농업 기술은 완전히 최신식이다. 지구 궤도를 도는 인공위성이 그들의 시간과 땅의 이용을 최대화하기 위해 트랙터를 인도한다.

버드 씨는 그의 경영을 보다 생산적이 되게 할 장비와 농업 방식에 대한 최신 정보를 얻기 위해 영농기술 잡지들을 샅샅이 뒤진다.

우리가 그의 농가를 방문할 때마다 우리에게 자신의 생산을 증가시킬 수 있게 하는 몇몇 새로운 기계나 도구나 트랙터나 또는 영농기술을 보여 준다. 그는 그의 천직(天職)에서 변화를 환영한다.

당신은 변화에 개방되어 있는가? 당신의 교회는 생산을 증가시키기 위해 변화를 기꺼이 포용할 준비가 되어 있는가? 때로 우리는 이런 질문들을 하면서 실망하게 된다. 사실, 여러 해 전에 우리는 기독교 교육 담당자들을 대상으로 설문 조사를 했다. 우리는 물었다. "만약 당신이 현재 사용하고 있는 것보다 훨씬 효과적으로 보이는 새로운 교과 과정을 발견한다면, 그것으로 바꾸겠는가?" 이것은 생산에 대한 단순한 질문이었다. 응답자 중 단지 29퍼센트만이 바꿀 것을 말했다.

수년 동안 우리는 교회의 생산을 증가시킬 수 있도록 여러 도구를 만들어 왔다. 그룹 출판사를 통해 배포되는 이 교과 과정과 학습 자료들은 진정한 학습을 구성하는 모든 요소들을 통합한다. 그것들은 다음과 같은 특징들을 강조한다.

학습자 중심 철학	이해에 초점	생각 장려
장기적 기억	진정한 활동 학습	학습자 대 학습자의 대화와 발견
반복적인 강화	진정한 학습을 위한 가정의 중요성	뇌물 없는 교육
본래적인 동기부여	즐거움	학습자 대 학습자의 관계 증진
낱말 퍼즐, 빈칸 채우기, 낱말 찾기의 부재	삶의 적용 강조	평가를 위한 도구들

이런 속성들이 결합하여 이른바 진정한 학습 자료를 만든다. 이런 특징들의 혁신적인 조합은 가히 혁명적이며 매우 독특하다. 우리는 진정한 학습과 교회의 관계는 컴퓨터와 직장의 관계와 같다고 본다. 당신은 타자기를 쓰던 시대를 기억할 수 있는가? 서로 다른 제조업자들이 보다 많은 고객들의 관심을 끌고자 갖은 수단을 도모했다. IBM과 같은 일부 제조업자들은 그들이 최고의 타자기를 제공한다고 자랑했다. 어떤 것은 다른 것에 비해 월등히 나았다. 그러나 얼마 후 개인용 컴퓨터가 무대에 등장했다. 작업 생산성과 효율성에 있어 컴퓨터는 어떤 타자기도 하지 못하는 엄청난 도약을 이룩했다. 데스크탑 컴퓨터는 진정한 돌파구였다.

마찬가지로 진정한 학습 자료들은 진정한 돌파구를 제시한다. 물론 어떤 자료들은 진정한 학습의 특징을 한 가지 혹은 그 이상 지니고 있다. 그러나 공급자와 사용자들이 진정한 학습을 하기 위해 완전한 변화를 이해하고 수용하기까지 부분적인 시도는 타자기에 마우스를 부착하는 것과 다를 바 없다. 무심한 관찰자는 마우스 달린 타자기를 강력한 컴퓨터로 오인할 것이다. 그러나 결과인 수확이 그 차이를 말해 줄 것이다.

오늘날 새로운 학습 기술이 여기에 있다. 하나님은 우리 각자가 풍성한 추수를 하도록 우리에게 주어진 것을 사용할 것을 기대하신다. 우리가 수확을 증가시킬 기회를 이용하지 못할 때 우리는 하나님을 실망시킨다. 예수님의 달란트 비유를 보라(마 25:14-30). 한 사람이 여행을 떠나기 전 세 명의 종에게 서로 다른 액수의 돈을 맡긴다. 그가 돌아왔을 때, 그는 두 종은 그들에게 맡겨진 것의 두 배를 남긴 것을 발견했다. 그러나 나머지 한 종은 주인의 돈을 땅 속에 숨겨두기만 했다.

어떤 이들은 세 번째 종이 보통은 했다고 말할 것이다. 그는 돈을 잃어버리거나 낭비하거나 그것으로 모험을 하지 않았다. 그는 그것을 안전하게 잘 간수했다. 그러나 그 주인은 그 점에 전혀 감동되지 않았다. 오히려 그는 말했다. "이 무익한 종을 바깥 어두운 데로 내어 쫓으라 거기서 슬피 울며 이를 갊이 있으리라"(마 25:30). 그 종은 주인이 결과에 수확에 성장에 관심이 있다는 것을 고려하지 않았다. 그는 단순히 현상유지가 그를 위기에서 모면시켜 줄 것으로 생각했다. 그러나 그 안전 위주의 전략은 주인의 심한 분노를 자아냈다.

당신은 어떤가? 당신은 지난해의 안전한 옛 전략들에 편안함을 느끼는가? 혹은 당신이 뿌린 것의 삼십 배, 육십 배, 백 배 혹은 심지어 오백 배의 수확을 거두는 데 필요한 변화를 기꺼이 수용할 준비가 되어 있는가?

에필로그

우리는 여기서 어디로 자라는가?

당신은 방금 이 책을 다 읽었다. 아마 당신은 이제 당신의 교회에 변화의 씨앗을 뿌리려는 의욕으로 충만할 것이다. 그러나 어떻게 시작할 것인가? 당신은 그것을 혼자 할 수 없다. 다음 단계를 따라 변화를 시도해 보라. 그리고 하나님이 당신을 통해서 하실 놀라운 일들을 기대해라.

■ 제1단계 : 투사가 되라

바로 당신이 투사이다! 만약 하나님이 이 책을 통해 당신에게 말씀하셨다면, 당신은 바로 교회에서 학습의 변화를 이룩하려는 대의(大義)를 품은 투사이다. 투사들은 혼자 일을 하지 않는다는 점을 기억하라. 그들은 지지자들을 가진다. 그리고 하나님은 당신의 가장 위대하고 가장 열렬한 팬이시다. 기도로 하나님께 나아가 예수 그리스도를 무덤에서 일으키신 그 동일한 능력에서 힘을 얻어라. 그 동일하게 강력한 능력이 당신 속에서 지금 역사하고 있으며 또 역사할 것이다.(확신을 얻고자 한다면 에베소서 1:15-20을 보라.)

또 우리가 당신을 위해 기도할 것이란 사실을 기억하라. 우리는 하나님이 당신에게 필요한 변화를 가져오는 데 요구되는 용기와 인내와 비전을 주시기를 기도한다. 또한 하나님이 그분을 신뢰하고, 말씀이 사람들의 삶에서 살아있기를 원하는 당신과 같은 사람들을 통해 위대한 일을 하실 것을 믿는다. 그 다음 당신이 그 비전을 나눌 때 함께 동역할 수 있는 사람들을 발견할 수 있도록 기도하라.

■ 제2단계 : 핵이 될 사람들을 모집하라

교회 학습에 대한 당신의 열정을 나눌 수 있는 2-6명의 사람들을 찾아라. 이 소그룹이 그 일을 하는 데 움직이는 두 번째 단계가 될 것이다. 기도하는 마음으로, 하나님의 말씀이 다른 사람들의 삶에 새롭고 활기찬 방식으로 뿌리를 내리는 것을 보기 원하는 사람들을 생각해 보라.

아마 그들은 다른 기독교 교육자들이나, 목사, 교사, 또는 관심 있는 부모들일 수 있다. 교인과, 성경공부 인도자, 주일학교 교사, 교회 지도자, 그리고 어떤 연령층이든 거기 속한 사람들의(예를 들면 십대, 노인들, 청장년들) 명부를 검토해 보라. 교회를 변혁시키는 데 뜻이 있는 사람들, 변화를 이해하는 사람들을 선택하라.

그와 같은 사람들로 생각되는 이들을 여기 적어 두라.

_____
_____
_____
_____
_____

일단 핵심이 될 사람들의 명단이 정해지면, 그들과 접촉하여 비전과 당신의 교회의 잠재적 가능성에 대해 이야기하라. 당신의 핵심 인물들에게 다음 사항들을 반드시 준수하도록 요청하라.

a. 이 책을 읽는다.(서점이나 또는 출판사에 연락하여 여러 권을 더 구하라)
b. 4주 동안 당신과 함께 이 책에서 읽은 것을 토론하는 시간을 가진다.
c. 후속 계획을 짜는 것을 돕는다. 일단 당신이 이 책에 나온 원리들이 어떻게 당신의 교회에 어떻게 적용할 수 있을지를 이야기한 후, 다음과 같은 질문들을 토론하라.

- 교육에 대한 우리 교회의 비전과 사명은 무엇인가?
- 이 책에 나온 개념들을 실천할 때, 우리 교회는 어떤 유익들을 얻을 것인가?
- 우리 교회에서 바뀌어져야 할 것은 무엇인가?
- 우리에게 어떤 도전들이 있을 것인가?(사람들, 공간, 시간, 돈?)
- 우리가 훈련하고 동참시킬 필요가 있는 주된 사람들은 누구인가?
- 고려되어야 할 다른 문제들은 무엇인가?
- 다음 단계를 위해 사람들을 함께 모을 때는 언제인가?

일단 이런 질문에 답을 했으면, 당신은 도전에 응할 준비가 되었다.

■ 제3단계 : 도전을 받아 들이라.

당신은 이제 보다 많은 사람들의 변화를 위해 당신의 계획 속으로 끌어들일 준비가 되어 있다. 당신과 당신의 핵심 인물들이 다른 사람들을 훈련할 준비가 된다.

당신 교회의 주요 지도자를 동참시키는 것을 분명히 하라. 예를 들어 만약 교회의 목사가 아니라면, 목사와 접촉하여 기독교 교육에 대한 당신의 비전과 이룩하는 바를 나눠라. 만약 당신의 핵심 그룹이 교회의 교육 담당자들로 구성되어 있지 않다면, 기존의 교육 담당자들에게 당신이 하려는 바를 알게 하라.

우리가 이것을 공연히 '도전'으로 부르는 것이 아니다. 변화를 가져오려는 것에 대해 불안을 느끼는 사람들이 있다는 사실을 각오하라. 그 과정 내내 계속해서 기도하며 하나님의 인도를 구하라.(우리는 변화를 가져온다는 생각에 주저하며 심지어 적대적인 교회들에 대한 무수한 이야기를 들었다. 그러나 일단 사람들이 비생산적 습관을 바꾸고자 하는 이론적 근거와 동기를 이해했을 때, 하나님은 그들의 생경한 꿈을 훨씬 넘어 그들의 수고를 축복하셨다. 기꺼이 변화하고자 한 많은 교회들이 그들의 교육 프로그램에서 전례 없는 성장을 보고했다 — 게다가, 신나는 일이 일어나고 있기 때문에 가족들이 교회에 나오게 된다!)

훈련 강습회를 광고하라. 사람들은 빠른 속도로 진행되는 흥미로운 강습회를 분명히 즐거워 할 것이다. 그들은 또 반성과 개인적 발견을 위한 시간을 즐길 것이다. 당신이 직접 강습회를 인도하거나 또는 누군가로 하여금 당신을 돕게 하라. 그냥 한 단계 한 단계씩 지침을 따라 하라. 이 배움의 모험에는 실패가 없다. 당신이 혼자가 아니란 사실을 언제나 기억하라. 우리는 당신과 함께 그곳에 있기 원한다.

■ 제4단계 : 변화를 이행하라

교회에서 학습이 어떻게 사람들의 삶을 변화시킬 수 있는지를 이해하는 일에 훈련받은 사람들과 더불어, 당신과 교회는 많은 변화를 경험하게 될 것이다.

가르치는 사람들에게 변화가 있을 수 있다. 교과과정 자료들에 변화가 있을 수 있다. 공간적 필요에(심지어 당신이 교실 가구를 배치하는 방식에서조차) 변화가 있을 수 있다.

의사 통로를 개방하고 성장을 주목하라. 영적인 깊이와 이해와 삶의 적용에서 뿐 아니라 숫자에서 역시 바울이 말한 대로 "내게 능력 주시는 자 안에서 내가 모든 것을 할 수 있느니라"(빌 4:13)를 기억하라.

주

■ 2장

1) The Chicago Tribune(May 29, 1992). 보스턴 대학의 교육학과 교수인 캐런 아놀드와 면담. 그녀는 일리노이 대학의 테리 데니(Terry Denny)와 함께 수석 졸업생들에 대한 조사를 했다. Quoted by Daniel Goleman in *Emotional Intelligence*(New York, NY: Bantam Books, 1997), 35-36.

2) Thom and Joani Schultz, *Why Nobody Learn Much of Anything at Church: And How to Fix It*(Loveland, CO: Group Publishing, 1993), 61-77.

3) Michael D. Warden, *Extraordinary Results From Ordinary Teachers*(Loveland, CO: Group Publishing, 1998), 47-48.

4) Roy B. Zuck, *Teaching as Jesus Taught*(Grand Rapids, MI: Baker Books, 1995), 255.

5) Adapted from Rob Traver, "What Is a Good Guiding Question?" Educational Leadership, (March 1998), 71.

■ 3장

1) "CSU a good student," *The Denver Post*(May 11, 1998).

2) Barbara L. McCombs and Jo Sue Whisler, *The Learner-Centered Classroom and School*(San Francisco, CA: Jossey-Bass Inc., 1997), 24.

3) Leonard Sweet, *Eleven Genetic Gateways to Spiritual Awakening*(Nashville, TN: Abingdon Press, 1998), 44, 46.

4) Peter L. Benson, Eugene E. Roehlkepartain and I. Shelby Andress, *Congregations at Crossroads*(Minneapolis, MN: Search Institute, 1995), 19-20.

5) Benson, Roehlkepartain, and Andress, *Congregations at Crossroads*, 18-19.

6) Colin Rose and Malcolm J. Nicholl, *Accelerated Learning for the 21st Century*(New York, NY: Delacorte Press, 1997), 36-37.

7) Rose and Nicholl, *Accelerated learning for the 21st Century*, 37-39.

■ 4장

1) Ronald Kotulak, *Inside the Brain*(Kansas City, MO: Andrews and McMeel, 1996), 135

2) Colin Rose and Malcolm J. Nicholl, *Accelerated Learning for the 21st Century*(New York, NY: Delacorte Press, 1997), 48.

3) *Making the Bible Easy to teach*(Loveland, CO: Group Publishing, 1998).

4) *The Designing Game*(Boulder, CO: Educational Discoveries, Inc., 1997), 51.

5) Ren Schlaepfer, "Secrets of the Cinema," Vital Ministry Magazine(July/August, 1998), 35.

6) Albert Mehrabian, *Silent Messages*(Belmont, CA: Wadsworth Publishing Company, 1980).

7) Geoffrey Cowley and Anne Underwood, "How Memory Works," Newsweek(June 15, 1998), 51.

8) Rose and Nicholl, *Accelerated Learning for the 21st Century*, 131-132.

9) Kotulak, *Inside the Brain*, 141.

10) Successful Learning Resources Guide for Educators, Parents and Families, "The Mozart Effect," Web site www.howtolearn.com/ndil2.html.

■ 5장

1) Daniel Goleman, *Emotional Intelligence*(New York, NY: Bantam, 1995), 290.

2) Goleman, *Emotional Intelligence*, 8-9.

3) Goleman, *Emotional Intelligence*, 78-79.

4) Jody Capehart, Gordon West, and Becki West, *The Discipline Guide for Children's Ministry*(Loveland, CO: Group Publishing, 1997), 21.

5) Alfie Kohn, *Beyond Discipline*(Alexandria, VA: Association for Supervision and Curriculum Development, 1996), 19.

6) Kohn, *Beyond Discipline*, 19.

■ 6장

1) Ben Freudenburg with Rick Lawrence, *The Family-Friendly Church*(Loveland, CO: Group Publishing, 1998), 10.

2) Effective Christian Education: *A National Study of Protestant Congregations, A Six-denomination Report,* (Minneapolis, MN: Search Institute, 1990), 41.

3) Nancy Leffert, Peter L. Benson, and Jolene L. Roehlkepartain, *Starting Out Right: Developmental Assets for Children*(Minneapolis, MN: Search Institute, 1997), 24-25.

4) David M. Thomas, "Family Comes of Age in the Catholic Church," Journal of Family Ministry(Summer 1998), 49-50.

5) Freudenburg and Lawrence, *The Family-Friendly Church*, 28.

6) Soledad O'Brien, "Dream Home 2000," USA Weekend(April 3-5, 1998), 6.

7) George Barna, "News Release: Churches Have Opportunity to Help Parents." (Oxnard, CA: Barna Research Group. Ltd., January 15, 1998).

■ 7장

1) Rich Melheim, "Class of '78," The Lutheran(July 1998), 56.

2) Alfie Kohn, *Punished by Rewards*(New York, NY: Houghton Mifflin Company, 1993), 77.

3) From a Purdue University study presented to the North American Society for Psychology of Sport and Physical Activity, reported in the Associated Press, June 28, 1998.

4) Philip D. Kenneson and James L. Street, *Selling Out the Church*(Nashville, TN: Abingdon, 2997), 55.

5) John Hunsley, "Internal Dialogue During Academic Examinations," Cognitive Therapy and Research(December 1987) as quoted in Daniel Goleman, Emotional Intelligence(New York, NY: Bantam Books, 1995), 84.

6) Goleman, *Emotional Intelligence*, 84.

7) Alfie Kohn, *No contest*(New York, NY: Houghton Mifflin Company, 1992), 4.

■ 8장

1) Daniel Goleman, *Emotional Intelligence*(New York, NY: Bantam Books, 1995), 93.

2) Burton Visotzky, "Bible in the Boardroom?" Inc. magazine(July 1998), 29-30.

3) Margaret C. Wang and Billie Stiles, "An Investigation of Children's Concept of Self-Responsibility for Their School Learning," American Educational Research Journal 13(1976), 167. Quoted by Alfie Kohn, Punished by Rewards(New York, NY: Houghton Mifflin Company, 1993), 222.

4) Teresa M. Amabile and Judith Gitomer, "Children's Artistic Creativity: Effects of Choice in Task Materials," Personality and Social Psychology Bulletin 10(1984), Quoted by Kohn, *Punished by Rewards*, 222.

5) Zuckerman, Miron et al., "On the Importance of Self-Determination for Intrinsically-Motivated Behavior," Personality and Social Psychology Bulletin 4(1978). Quoted by Kohn, *Punished by Rewards*, 222.

6) Arthur K. Ellis and Jeffrey T. Fouts, *Research on Educational Innovations*(Larchmont, NY: Eye on Education, 1997), 64.

7) Barbara L. McCombs and Jo Sue Whisler, *The Learner-Centered Classroom and School*(San Francisco, CA: Jossey-Bass Inc., Publishers, 1997), 59-60.

■ 9장

1) Gordon Dryden and Jeannette Vos, *The Learning Revolution*(Rolling Hills Estates, CA: Jalmar Press, 1994), 169.

2) Daniel Goleman, *Emotional Intelligence*(New York, NY: Bantam Books, 1995), 85.

3) Matt Weinstein, *Managing to Have Fun*(New York, NY: Simon & Schuster, 1996), 49.

4) Colin Rose and Malcom J. Nicholl, *Accelerated Leraning for the 21st Century*(New York, NY: Delacorte press, 1997), 251-252.

5) Rose and Nicholl, *Accelerated Learning of the 21st Century*, 63.

■ 10장

1) Thom and Joani Schultz, Why *Nobody Learns Much of Anything at Church: And How to Fix It*(Loveland, CO: Group Publishing, 1993), 21.

2) Mary Jane Drummond, *Learning to See*(York, ME: Stenhouse Publishers, 1994), 13.

3) Lorna M. Earl and Paul G. LeMahieu, "Rethinking Assessment and Accountability," *1997 ASCD Yearbook*(Alexandria, VA: Association for Supervision and Curriculum Development, 1997), 161.

4) Drummond, *Learning to See*, 94-95.

열매있는 교회교육을 위한 토양개선법
먼저 밭을 일구라!

1쇄 발행 • 2001년 8월 29일
2쇄 발행 • 2003년 3월 20일

지 은 이 • 톰 & 조아니 슐츠
옮 긴 이 • 장미숙
발 행 인 • 양승헌

발행처 도서출판 디모데/파이디온 선교회 출판 사역 기관
등　　록 • 1998년 1월 22일 제17-164호
주　　소 • 서울 동작구 사당동 1045-10
　　　　　전화 586-0872~4　팩스 522-0875

Copyright ⓒ 도서출판 디모데 1999 〈Printed in Korea〉

값 7,000원